Helmut Fischer
Die eine Wahrheit?

T V Z

Helmut Fischer

Die eine Wahrheit?

Wahrheit in Philosophie, Wissenschaft
und Religion

TVZ

Theologischer Verlag Zürich

Bibliografische Informationen der Deutschen Nationalbibliothek
Die Deutsche Nationalbibliothek verzeichnet diese Publikation
in der Deutschen Nationalbibliografie; detaillierte bibliografische
Daten sind im Internet über http://dnb.d-nb.de abrufbar.

Umschlaggestaltung
Simone Ackermann, Zürich
unter Verwendung von
René Magritte, La clairvoyance © 2015, ProLitteris, Zürich

Bibelzitate nach: Zürcher Bibel 2007

Druck
ROSCH-BUCH GmbH, Scheßlitz

ISBN 978-3-290-17849-9
© 2015 Theologischer Verlag Zürich
www.tvz-verlag.ch

Inhaltsverzeichnis

Was Sie von diesem Text zu erwarten haben

Geschlossene Systeme glauben sich im Besitz der einen und allgültigen Wahrheit. Im Namen einer solchen Wahrheit wurden und werden Kriege geführt, Menschen zu Ketzern und Verrätern erklärt und getötet. Der Weg Europas hin zu demokratischen Gesellschaften war lang und steinig. Unsere Demokratie versteht sich als pluralistische Gesellschaft. Sie konstituiert sich geradezu durch die Impulse der vielfältigen Gestaltungskräfte, die aus unterschiedlichen Wurzeln hervorgehen. Entsprechend unterschiedlich sind auch die Meinungen zum gleichen Gegenstand oder Thema. Im Streit um das, was gelten soll, wird immer wieder »die Wahrheit« bemüht, auf die sich viele Seiten berufen.

Reflexionen über Wahrheit können keine Entscheidungshilfen dafür geben, wie, wo und weshalb jemand Recht hat. Es werden hier keine Wege oder Methoden zur Wahrheitsfindung aufgezeigt, denn dazu müsste ja der Verfasser »die Wahrheit« kennen. In unseren Gesprächen und Auseinandersetzungen begegnet uns das Wahrheitsproblem in Gestalt von inhaltlich unterschiedlichen Wahrheits*ansprüchen*. Hier besteht Klärungsbedarf.

Eine gegenwärtig viel geübte Praxis, die Wahrheitsfrage zu lösen, besteht darin, im Namen einer als Toleranz getarnten Gleichgültigkeit dem nach Klarheit suchenden Gespräch auszuweichen. Nur, Verdrängtes und Ausgeblendetes meldet sich erfahrungsgemäß in veränderter Gestalt an anderer Stelle wieder.

Klärung im Widerstreit ist dort möglich, wo die Gesprächspartner einander zu erkennen geben, von welchem geistigen Hintergrund her sie Wahrheitsansprüche stellen und wie sie diese begründen. Das ist die Voraussetzung für einen kultivierten Dialog, in welchem gegenseitiges Verstehen, auch bei Dissens in der Sache, möglich bleibt.

Im folgenden Text wird versucht, das Wahrheitsthema in der Philosophie, in wesentlichen Wissenschaftsbereichen und in der Religion so in den Blick zu bringen, dass unsere ganz normalen fächerübergreifenden thematischen Gespräche nicht an vagen Wahrheitsbehauptungen scheitern müssen. Hier soll aus der vielfältigen Diskussion zum Thema Wahrheit vor allem das zur Sprache kommen, was für eine Grundinformation unentbehrlich ist, was allgemein verständlich vermittelbar ist und was in einer pluralistischen Gesellschaft für einen Dialog zwischen gegensätzlichen Positionen hilfreich ist. Spezialthemen der einzelnen Disziplinen oder Fachdiskussionen bleiben außen vor. Leserinnen und Leser müssen nicht fürchten, die zweieinhalbtausend-jährige Entwicklungsgeschichte der Wahrheitstheorien abschreiten zu müssen. Auf das historische Erbe wird nur dort einzugehen sein, wo es den Lesenden eine Verständnishilfe bringt.

1. Sprachliche Orientierung als Hinführung zum Thema

1.1 »Wahr« in der Alltagssprache

Ist im Alltag von »Wahrheit« die Rede, so brauchen wir dafür weder ein Sprachlexikon noch die Philosophie. Wir wissen genau, was gemeint ist, wenn wir Wahrheit einfordern. Wenn uns etwas verwundert oder wenn uns widersprüchliche Aussagen begegnen, so lautet unsere Frage nicht »Was ist hier die Wahrheit?«, sondern wir fragen »Ist das wahr?« oder «Was ist hier wahr?». Wir wollen uns vergewissern, was stimmt, ob das Gesagte zutrifft, ob das Berichtete tatsächlich so passiert ist, ob man sich (z. B. im Falle eines Versprechens) auf eine Äußerung verlassen kann.

Die Frage, ob Gesagtes wahr ist, setzt voraus, dass es auch falsch sein kann. Dafür gibt es viele Gründe. Eine Aussage kann falsch sein

- aus unverschuldeter Unwissenheit,
- weil etwas fahrlässig oder irrtümlich behauptet wurde,
- weil etwas missverständlich formuliert wurde,
- weil bewusst gelogen wurde, um etwas anderes zu verbergen,
- weil bewusst in die Irre geführt werden sollte u. a. m.

Die Wahrheitsfrage im Alltag hat es lebenspraktisch mit der Klärung von richtig und falsch zu tun.

In dieser Frageebene von richtig und falsch begegnet das Substantiv »Wahrheit« dem Staatsbürger im Gerichtssaal, wenn er aufgefordert wird: »Schwören Sie, die Wahrheit zu sagen, nichts als die Wahrheit«. Die Wahrheit ist hier mit einer bedrohlichen Bedeutung verbunden, denn die Unwahrheit wird bestraft. In unserer Kultur hat das Wort »Wahrheit« einen makellos positiven Klang, und alles, was ihr nicht vollkommen entspricht, ist bereits negativ getönt. Selbst der schonende Satz »Du hast nicht ganz die Wahrheit gesagt« ist ein beschämender Tadel.

Dieser kurze Blick auf die Alltagssprache hat bereits eines deutlich gemacht: Die Frage nach dem, was wahr ist, bezieht sich auf Aussagesätze. Wahr können nur Aussagen über etwas sein. Wahrsein gibt es nur in und mit Sprache. Diese Sprachlichkeit von Wahrheit wird in vielfacher Hinsicht zu entfalten sein.

1.2 Von »wahr« zu »Wahrheit«

Mit der Frage »Ist das wahr?« versuchen wir zu klären, ob eine Aussage zutrifft oder nicht. Sprachlich betrachtet wird mit den Adjektiv »wahr« eine Eigenschaft abgefragt. Nur, kann ein Satz eine Eigenschaft haben? Es geht doch darum zu ermitteln, ob das Gesagte mit dem Tatbestand übereinstimmt, den es formuliert. Das Urteil »wahr« oder »falsch« kann also gar keine Eigenschaft des Satzes selbst sein, denn diese könnte erst aus der Beobachterperspektive ermittelt werden, und zwar durch den Vergleich der Satzaussage mit dem Tatbestand, auf den sie bezogen ist. Tatsachen allein können nicht wahr sein.

In den indoeuropäischen Sprachen ist das Adjektiv, das u. a. Personen oder Sachen eine Eigenschaft zuordnet, nur eine von drei sinntragenden Wortgruppen eines Satzes. Statt »Ist das wahr?«, könnten wir auch fragen »Ist das die Wahrheit?« Erst bei genauerem Hinsehen entdecken wir, was uns bei dieser substantivischen Formulierung unterlaufen ist. Substantive, auch Dingworte genannt, bezeichnen konkrete oder abstrakte Gegenstände, Substanzen oder Entitäten, die für sich existieren und deren Eigenschaft man erforschen, erkennen und benennen kann. Fragen wir also nach der Wahrheit eines Satzes, so unterstellen wir, dass es diese Wahrheit als existente und fassbare Größe gibt. Eine für sich existierende Wesenheit kann man dann daraufhin befragen, wie sie beschaffen ist (Adjektiva) und was sie bewirkt (Verben). Indem wir das Adjektiv »wahr« zum Substantiv »Wahrheit« umgebildet haben, wurde die Aussage über einen Satz zu einem selbstständigen Inhalt verdinglicht, der nun als eigenständiger Gegenstand »Wahrheit« befragt, untersucht und charakterisiert werden kann. So wird Wahrheit zum »Sein desjenigen Seienden, das ›wahr‹ genannt wird« (Philosophisches Wörterbuch, 766).

Dieser Vorgang hat sich in der europäischen Geistesgeschichte mit nachhaltigen Folgen bereits vor zweieinhalbtausend Jahren in Griechenland ereignet. Auch das Griechische kennt das Adjektiv *alēthēs* (wahr). Als Substantiv tauchte *alētheia* (die Wahrheit) erstmals bei Heraklit (ca. 544–483 v. Chr.) als philosophischer Begriff auf. Schon wenig später führte Parmenides (ca. 515–445 v. Chr.) die Wahrheit mit Sein und Denken zusammen. Platon (427–347 v. Chr.) erhob die Wahrheitsfrage zur Grundfrage der Philosophie über das, was wir als Menschen über die Wirklichkeit wissen können. Noch Georg Wilhelm Friedrich Hegel (1770–1831) verstand die Philosophie in der Nachfolge der antiken Philosophen als »wissenschaftliche Erkenntnis der Wahrheit« (Schnädelbach, 47). Zwei Jahrtausende stand die Wahrheitsfrage im Zentrum philosophischer Reflexion. Von dem hohen Anspruch, zeitlose Wahrheit zu erschließen, hat sich die Philosophie erst im frühen 19. Jahrhundert verabschiedet, nämlich nachdem ein historisches Bewusstsein entstanden war. In den Diskussionen um die Absolutheit des Christentums klingt das alte Thema der absoluten Wahrheit heute noch nach.

Sprachlich bleibt zu bemerken, dass wir kein eigenes Verb haben, das Wahrsein oder Wahrheit als Geschehen zum Ausdruck bringt.

1.3 Ein Blick auf das Wortfeld

Was mit »Wahrheit« gemeint ist, kann nicht für sich, sondern nur im Zusammenhang mit anderen geistigen Tätigkeiten ober

Begriffen zur Sprache kommen. Je nach dem Verständnis von Wahrheit werden ihr im Klärungsprozess unterschiedliche Begriffe zugeordnet. Darauf wird im gegebenen Zusammenhang einzugehen sein.

Bereits für das Alltagsgespräch ist es hilfreich, auf den Unterschied zwischen »Wahrheit« und »Wahrhaftigkeit« zu achten. So kann der Satz »Herr X hat die Wahrheit gesagt« zweierlei bedeuten. Fragt man danach, ob es inhaltlich stimmt, was Herr X zu einem Vorgang gesagt hat, so heißt das: »Es ist wahr, was Herr X gesagt hat«. Fragt man hingegen danach, ob der Sprecher von dem überzeugt ist, was er gesagt hat, so bedeutet das »Herr X ist wahrhaftig«. Das schließt nicht aus, dass das, was er mit voller Überzeugung gesagt hat, in der Sache falsch sein kann, z. B. deshalb, weil er es nicht besser wusste oder wissen konnte, weil er falsch informiert war oder weil sein Wissen durch neue Erkenntnis veraltet war.

Im Wahrheitsverständnis in der Nachfolge von Platon spielen die Begriffe »Logos«, »Sein«, »Gott« eine große Rolle. In der Nachfolge von Aristoteles wird »Wahrheit« mit »Vernunft«, »Logik«, »Erkenntnis«, »Erfahrung«, »Wirklichkeit« verbunden. Aber auch »Wahrnehmung«, »Verstehen«, »Wissen« und »Sprache« kommen ins Gespräch. Alle diese Begriffe haben keine zeitlos feststehenden Definitionen. Sie erhalten erst im Kontext des jeweiligen Konzepts ihre Bedeutung und sind daher nicht systemübergreifend austauschbar.

1.4 Die leitende Definition

In Kapitel 1.1 wurde bereits festgehalten, dass von Wahrsein nur in Aussagesätzen geprochen werden kann. In der europäischen Kultur hat sich für die Lebenspraxis das Wahrheitsverständnis des Aristoteles durchgesetzt. Danach ist Wahrheit dort, wo die Aussge über einen Tatbestand mit dem vorliegenden Tatbestand übereinstimmt. In der lateinischen Tradition stand für »Übereinstimmung« der Begriff »*adaequatio*«. Im Anschluss an Aristoteles formulierte Thomas von Aquin (1224/25–1274): »*veritas est adaequatio rei et intellectus*«. In der lebenspraktischen Übersetzung: »Wahrheit ist die Übereinstimmung zwischen Sache und Vernunft.« Im umfassenderen philosophischen Verständnis: »Wahrheit ist die Übereinstimmung zwischen Denken und Sein«. Wir beschränken uns hier auf den lebenspraktischen Sinn.

»Wahrheit ist die Übereinstimmung zwischen Sache und Vernunft« – diese Definition klingt zwar genau, sie ist es aber nur, wenn zusätzlich präzisiert wird, in welchem Sinn das entscheidende Wort »*adaequatio*« (Übereinstimmung) verstanden werden soll: als Annäherung, als Angleichung, als Entsprechung, als Identität. Jede Wahrheitstheorie hängt an der Bedeutung, die dem Begriff »*adaequatio*« zugesprochen wird. Desgleichen ist nachzufragen, was mit *res,* der Sache, dem Sachverhalt, dem Tatbestand gemeint ist: die reine Wahrnehmung, falls es sie gibt, oder die vom Wahrnehmenden verstandene, d. h. gedeutete Wahrnehmung. Und wie ist schließlich »*intellectus*« (Vernunft) gedacht: als reine Vernunft, mit der ich im Rahmen meines Wahrnehmens und meiner Verständnismöglichkeiten Tatbestände erfassen und beurteilen kann, oder als Wirklichkeitserkenntnis in einem objektiven Sinn oder … oder … Diese wenigen Hinweise zeigen, dass ein sinnvolles Gespräch über Wahrheit immer nur im Rahmen eines bestimmten Fachbereichs und Konzepts geführt werden kann und die Kenntnis dieses Konzepts voraussetzt. Allerdings bleibt jedes Wahrheitskonzept auf seine Prämissen und seine Schlüssigkeit hin befragbar.

2. Wahrheit in der Philosophie

Sinn und Bedeutung von Wahrheit lassen sich nicht aus dem Wort »Wahrheit« ableiten. Je nach Sprache käme man dabei zu recht unterschiedlichen Sinngebungen. Wenden wir uns daher an die Philosophie, für die die Frage nach der Wahrheit von Beginn an ein Kernthema war und geblieben ist. Freilich gibt es nicht die Sicht »der« Philosophie auf Wahrheit, denn für das jeweilige philosophische Konzept ist ein bestimmtes Verständnis von Wahrheit bereits konstitutiv.

2.1 Konzepte des Philosophierens

Für unser Thema erweist es sich als hilfreich, die drei philosophischen Grundmodelle (Paradigmen) zu unterscheiden, die Herbert Schnädelbach (Schnädelbach, 37–76) kenntlich gemacht hat. Sie bilden auch bei heutigen Gesprächen den unausgesprochenen und oft verwirrenden Hintergrund. Deshalb sollen sie wenigstens skizzenhaft vorgestellt werden.

2.1.1 Das ontologische Paradigma

Dieses älteste und dauerhafteste Paradigma geht auf Platon und Aristoteles zurück. Die Grundfrage des ontologischen Konzepts lautet: »Was ist?« Philosophie fragt hier nach dem Seienden (*tò ón*, von daher »Onto-logie« – die »Lehre vom Seienden«). Dieses Grundmodell hat zwei Versionen, die beide in der abendländischen Philosophie- und Theologiegeschichte eine prägende Rolle gespielt haben und zum Teil noch spielen.

Platons (427–347 v. Chr.) Wahrheitsverständnis ist in seine Ideenlehre eingebunden. Danach begegnen wir dem wahren Sein nicht in den mit unseren Sinnen erfassbaren Gegenständen, sondern in den Ideen, die den einzelnen Gegenständen der sinnlichen Welt zugrunde liegen. Die Idee (*idéa/eîdos*) ist das wahre

17

Seiende. Gegenüber allen veränderlichen Sinndeutungen ist sie zeitlos und unveränderlich. Als dieses Zeitlose und Unveränderliche ist die Idee die eigentliche Wirklichkeit (*óntōs ón*) und damit auch die Wahrheit, die stets mit sich selbst identisch ist. Nach Platon haben unsere Seelen in ihrer Präexistenz bei den Göttern diese Ideen und damit die Wahrheit mit dem Auge des Geistes geschaut. Sie sind ein urbildliches Wissen, an das wir uns wieder erinnern. Unser Denken hat es mit diesem unveränderlichen Wahren zu tun. Erkennen bedeutet, das von uns bereits Geschaute und Bekannte zu klären.

Platons Konzept der Wiedererinnerung (*anámnēsis*) wurde von Plotin (205–270), einem Hauptvertreter des Neuplatonismus, weiterentwickelt und verändert. Bereits in Platons Akademie galt die Erkenntnis des Einen (*hén*) als das Ziel philosophischer Erkenntnis. Diesen Gedanken des Einen baute Plotin aus. Er verstand dieses absolute Eine als ein transzendentes Prinzip jenseits aller Welt, aus dem die Vielfalt des Seienden über mehrere Zwischenstufen hervorgeht, und zwar durch Emanation, das heißt in einer Art von Überquellen oder Ausstrahlen. Aus dem Einen geht als Erstes der Geist (*noûs*) hervor. Er ist der Inbegriff aller Ideen im platonischen Sinn und bringt die Welt hervor, zu der die Seele (*psychē*) gehört, die sich mit dem Leib verbindet und damit in die ihr fremde Welt des Körperlichen eingeht. Aus diesem Gedanken des Abstiegs oder der Entfernung aus dem Einen ergab sich für Plotin der entsprechende Gedanke des Aufstiegs oder der Rückkehr zu eben diesem Einen.

Nach Fritz-Peter Hager ist das Eine (*hén*) bereits von Platon »als Prinzip und Ursache der Ideen und der von diesen verursachten Sinnendinge angesetzt und als Formal- und Wesensursache alles Guten aufgefasst worden« (Hager in: HWbPh 3, 1057). Platon konnte das wahre Seiende auch als Gott verstehen, freilich nicht im Sinne eines »persönlichen Gottes«, an den zu glauben wäre, sondern als Gegenstand des Wissens.

Plotin erweiterte den Gottesgedanken. Er verstand dieses Eine als Gott im Sinne eines Ersten, eines Überseienden und als Gegenüber zu dem Vielen. Damit wurde Gott zu einer transzendenten Größe. Befreit sich nun nach dem Rückkehrmodell die Seele von ihrer Körperlichkeit, um aufsteigend zu dem Einen emporzusteigen, so führt das zu einer *unio mystica*, einer Vereinigung mit Gott. Dieser Gedanke sollte besonders im deutschen Mittelalter eine große Rolle spielen, und er lebt bis heute fort, auch in säkularen Spielformen von Spiritualität. Mit dem Ausbau des Einen zu einer monistisch verstandenen Gottesvorstellung und dem Gedanken der Rückkehr der Seele in dieses jenseitige Eine nahm der Neuplatonismus religiöse Züge an. Karl Albert bezeichnet die Philosophie Plotins als »philosophische Religion« (Albert, 53).

Der Kirchenvater Augustinus (354–430) interpretierte die neuplatonischen Gottesaussagen bereits ganz im Sinne des christlichen Gottesverständnisses, nämlich als persönlichen Gott, den die Kirche auf der Synode von Konstantinopel 381 in platonischen Denkformen als trinitarischen Gott (Vater, Sohn und Heiligen Geist) festgeschrieben hatte. In dieser Verschränkung des neuplatonisch-philosophischen Gottesmonismus mit dem religiösen Monotheismus christlicher Prägung »werden die platonischen Ideen zu den schöpferischen Gedanken des Geistes des christlichen Schöpfergottes« (Schüßler in: TRE 35, 352). Damit gründet alle Wahrheit im christlichen Gott oder kurz: »Gott ist die Wahrheit.« Diese platonische Version des ontologischen Paradigmas dominierte das abendländische Denken bis in das frühe Mittelalter, also bis ins 12. Jahrhundert.

Durch Aristoteles (384–322 v. Chr.), einen Schüler Platons, erhält das ontologische Paradigma eine zweite Version. Auch Aristoteles fragt nach dem wahrhaft Seienden. Während aber Platon das wahrhaft Seiende in der höchsten Abstraktion, nämlich der Idee, sah, erkannte es Aristoteles im Konkreten, also ganz unten, im realen Einzelding. Johannes Hirschberger fasst das so zusammen: »Die Welt ist nicht mehr in der Idee, sondern die Idee ist jetzt in der Welt. Die Form tritt nicht mehr in ihrer Allgemeinheit [der Idee, H. F.] auf, sondern in ihrer konkreten und individuellen Realisierung.« (Hirschberger 1, 193) Dabei ist festzuhalten, dass Aristoteles auch mit »Form« jenes Allgemeine der Idee meint, die sich uns eben im Einzelding zeigt. Die einzige reine Form, die ohne jede Materie allein für sich existiert, ist der unbewegte Beweger, Gott. Dieser Gott ist – wie die platonische Idee – zeitlos, unkörperlich, leidenslos, unveränderlich und der Welt gegenüber transzendent.

Das Konzept des Aristoteles hat sich in der Gestalt von Kommentaren zu dessen Schriften in neuplatonischer Interpretation in der arabischen und jüdischen Welt erhalten und wurde vor allem über Avicenna/Averroës im 12. Jahrhundert in die christliche Welt eingeführt. In christlicher Interpretation des Gottesverständnisses wurde das aristotelische Konzept besonders wirksam durch Thomas von Aquin (1224/25–1274) in das europäische Denken integriert. Dieser Wechsel von der platonischen zur aristotelischen Sichtweise hatte für das gesamte Weltverständnis später aber nachhaltige Konsequenzen.

Hatte der Platonismus den Blick auf das zeitlich Vorgegebene gerichtet, das die Seele in ihrer Präexistenz geschaut hatte, so lenkte der Aristotelismus das Interesse auf das empirisch Gegebene und sinnlich Wahrnehmbare, in welchem sich ihm das göttlich Wahre zeigte. Diese Umkehr der Blickrichtung auf das wahrhaft Seiende kann man nicht hoch genug bewerten. Bei Thomas von Aquin bleibt diese Umkehr der Sicht jedoch noch konsequent innerhalb des ontologischen Paradigmas. Er definiert Wahrheit als ein »Übereinstimmen des Seienden mit der Vernunft« (*convenientia entis ad intellectum*) oder als »Übereinstimmung von Sache und Denken« (*adaequatio rei et intellectus*). Es gilt aber zu beachten, dass im thomistischen Denken der Maßstab der menschlichen Vernunft (*intellectus*) die göttliche Vernunft (*intellectus divinus*) und damit die höchste Wahrheit (*prima veritats*) ist. Ob man nun platonisch von der vorausgesetzten göttlichen Wahrheit *her* denkt oder aristotelisch auf diese *hin* – für beide Wege gilt: Allein dank des Bezuges auf den *intellectus divinus* als *veritas una et prima* hat alle übrige Wahrheit ihren Bestand, »auch die Wahrheit der mannigfachen Erkenntnisse des *intellectus humanus*« (Schüßler in: TRE 35, 353).

2.1.2 Das mentalistische Paradigma

Auf die Schritte, mit denen die Philosophie aus dem ontologischen Paradigma auswanderte, muss hier nicht näher eingegangen werden. Wie bereits in der griechischen Antike, so ist auch hier der Zweifel an dem, was bisher für selbstverständlich gehalten wurde, der Motor für Entwicklungen. Mit der Übernahme der aristotelischen Sicht auf die Welt wurde der Blick auf die Dinge dieser Welt gerichtet. Damit gingen die Möglichkeit und die Aktivität des Erkennens von Wahrheit auf den wahrnehmenden Menschen und dessen Vernunft und Erkenntnisvermögen über. Solange man davon überzeugt war, dass die menschliche Vernunft der göttlichen strukturell entspricht, war das noch kein Problem.

Der Spätscholastiker Nikolaus von Kues (1401–1464) bezweifelte aber, dass die menschliche Vernunft die göttliche Wahrheit angemessen zu erfassen vermag. Zwar stellte er die Gottesebenbildlichkeit des Menschen nicht infrage, erkannte aber, dass der Mensch die Dinge dieser Welt doch nur gemäß den Möglichkeiten seines Wahrnehmens und Erkennens erfassen und artikulieren kann. Weil sein Erkennen menschlicher Natur ist, vermag er das Seiende in seinem wahren Sein niemals adäquat, sondern lediglich nach menschlicher Art in Gleichnissen zu erfassen. Das ontologische Paradigma, in welchem man unbeschwert nach dem wahrhaft Seienden fragen konnte, war damit verlassen.

Jetzt stand man vor der Frage: Was können wir überhaupt erkennen und wissen? Eine für die Zukunft wegweisende Antwort hat erst René Descartes (1596–1650) gegeben. Für Descartes war der Zweifel von methodischer Art, betraf also noch nicht die Metaphysik. Aber bereits in seinem »Grund-Satz« – *ego cogito, ergo sum* (ich denke, also bin ich) – wurde die Gewissheit des denkenden Subjekts zum Kriterium der Wahrheit. In der Konsequenz seines Ansatzes verzichteten seine Nachfolger auf die metaphysische Vorgabe »Gott«. Wo aber Gott als das oberste Maß der Wahrheit menschlicher Erkenntnis fehlt, wird die menschliche Vernunft (*mens humana*) zum einzigen Maß ihrer selbst und auf sich selbst verwiesen. Nicht mehr Gott, sondern der Mensch selbst wird zum Gegenpol der Welt. »Die Wahrheit des Seins wandelt sich zu der auf Gewissheit abgestellten Wahrheit der Gegenstände selbstgewisser Erkenntnis« (Schüßler in: TRE 35, 356). Die philosophische Grundfrage wird vom Sein auf das Bewusstsein verlagert. Aus Metaphysik wird Erkenntnistheorie. Das ist im Kern der Wechsel vom ontologischen zum mentalistischen Paradigma.

Der von Descartes eingeleitete Paradigmenwechsel ist in den nachfolgenden Traditionen des Empirismus und des Rationalismus in vielfacher Weise ausgeformt worden. Er wurde vor allem die Grundlage naturwissenschaftlicher Forschung und Technik, in deren Theorie die »Hypothese Gott« konsequent ausgeblendet bleibt. Der Zirkel, in welchem sich menschliche Vernunft und Wahrheit nun wechselseitig definieren, ist seit dem Ende des 19. Jahrhunderts in das gesellschaftliche Bewusstsein eingegangen und prägt das Denken der Zeitgenossen bis heute.

Philosophie und Naturwissenschaften haben sich voneinander getrennt. Göttliche Offenbarung und philosophische Erkenntnistheorie haben den Kontakt zueinander verloren. Die Frauge »Was können wir wissen?« wurde zur Kernfrage des mentalistischen Paradigmas. In den Disziplinen »Erkenntnistheorie« und im 20. Jahrhundert auch der »Wissenschaftstheorie« wurde die Erforschung der Bedingungen und Möglichkeiten

menschlichen Erkennens und begründeten Wissens zu einem
Schwerpunkt philosophischen Interesses.

2.1.3 Das linguistische Paradigma

Innerhalb des mentalistischen Paradigmas war bereits bewusst
geworden, dass unsere Vorstellung von den Dingen nicht mit
den Dingen selbst gleichgesetzt werden können. Aber es war
noch nicht bewusst geworden, dass unsere Vorstellung von den
Dingen an die jeweilige Sprache gebunden sind, in der wir sie
haben. Diese Sprachvergessenheit kann man als einen Ge-
burtsfehler der abendländischen Philosophie verstehen.

Nach Platon vollzieht sich menschliche Erkenntnis als ein
Wiedererinnern an die Ideen, welche die Seele in ihrer Präexistenz bereits geschaut hat. Diese Ideen sind die Wahrheit, die
allem, was ist, zugrunde liegt. Sowohl die Schau wie das Wiedererinnern dieser Ideen geschieht nach Platon ohne Sprache. Das
vorgegebene Wahre geht in Sprache ein und wird so kommunizierbar. Für Platon war das die griechische Sprache. Da ihm das
wahrhaft Seiende als unveränderlich vorgegeben gilt, spielt die
jeweilige Sprache keine Rolle. Das Erkennen von Wahrheit
vollzieht sich *vor* aller Sprache, also sprachlos und unabhängig
von Sprache.

Nach Aristoteles ist uns das allen Dingen zugrunde liegende
Wahre nicht als solches gegeben wie bei Platon. Das erschließt
sich uns nur über die konkreten Einzeldinge, weil die Seele ohne
sinnliche Vorstellungen nicht denken kann. Dieses Allgemeine
und Wahre (im Grunde die platonischen Ideen) erheben wir
freilich nicht durch Verallgemeinerung aus den Einzeldingen; es
erschließt sich uns nur *über* die sinnliche Wahrnehmung der
Einzeldinge und wird dann mit Sprache kommunizierbar.

In beiden Konzepten enthalten die sprachlichen Zeichen lediglich zuvor sprachfrei Gedachtes. Es ist daher für beide gleich-
gültig, in welcher Sprache dieses Geschaute oder Gedachte
kommuniziert wird, denn es bleibt in jeder Sprachform inhaltlich

dasselbe. Dieser Ausschluss der Sprache aus dem Prozess des Erkennens von Wirklichkeit und Wahrheit galt in der westlichen Welt als so selbstverständlich, dass er zweitausend Jahre lang das Nachdenken über die Rolle der Sprache für den Erkenntnisprozess verhindert hat.

Das Thema Sprache kommt erst in der Neuzeit in den Blick. Der englische Philosoph Francis Bacon (1561–1626) verglich im »Novum Organum scientiarum« von 1620 die hebräische, griechische und lateinische Sprache. Dabei fielen ihm die Unterschiede des sprachlichen Ausdrucks auf. Er erkannte, dass unsere Sinne die Wirklichkeit nur nach ihren menschlichen Gegebenheiten erfassen und dass uns die Sprache dabei oft durch Trugbilder in die Irre führt, indem sie uns die Wirklichkeit mit falschen Bedeutungen »verstellt«.

John Locke (1632–1704) bestritt vehement Descartes' Theorie von den »angeborenen Ideen«, in denen die platonische Ideenlehre immer noch präsent war. Er erklärte, dass nichts im Verstand sein kann, was uns nicht über die Sinneswahrnehmung zugeführt worden ist. Er erkannte sogar, dass unsere Worte die Dinge nicht abbilden, sondern nur für die Vorstellungen stehen, die wir uns von den Dingen gebildet haben. Dennoch blieb er bei der traditionellen Überzeugung, dass sich unser Denken sprachfrei vollzieht.

Der erste europäische Denker, der sich von der altgriechischen Theorie des sprachfreien Denkens löste, war Giovanni Battista Vico (1688–1744). Er erkannte bereits die kognitive Funktion der Sprache und die Rolle, die sie für den geistigen Aufbau unseres Weltverständnisse spielt. Er erfasste, dass sich Gedanken in Sprache manifestieren, und dass dies in den unterschiedlichen Sprachen auf unterschiedliche Weise geschieht (Trabant, 195f).

Wilhelm von Humboldt (1767–1835), der auf seinen Reisen intensive Feldforschungen zur Sprache betrieben hatte, verabschiedete endgültig die Vorstellung, wonach sich die eine vorgegebene Wirklichkeit in den unterschiedlichen Lautkombinationen der Sprachen inhaltsgleich artikuliert. Er verstand die Sprache als ein »Organ der Kognition« und als »das bildende Organ der Gedanken« (Humboldt, 191). Erst damit war erkannt, dass unterschieden werden muss zwischen den *Worten*, mit denen wir Dinge bezeichnen, den *Vorstellungen* von den Dingen, die wir mit diesen Worten verbinden, und den *Dingen* selbst.

Das Bewusstsein für die Sprachlichkeit unseres Denkens hat erst Ludwig Wittgenstein (1889–1951) in die Philosophie eingebracht. Für ihn ist Philosophieren weder Ontologie wie bei den Griechen und ihren Nachfahren noch Erkenntniskritik im Medium des Bewusstseins wie bei Kant, sondern »Sinnkritik im Medium der Sprache« (Schnädelbach, 69). In seinem »Tractatus logico-philosophicus« (T) versteht Wittgenstein Philosophie als Sprachkritik. »Der Gedanke ist der sinnvolle Satz. Der Satz ist ein Bild, ein Modell der Wirklichkeit, so wie wir sie uns denken.« (T 4.01) »Nur der Satz hat Sinn; nur im Zusammenhang eines Satzes hat ein Name eine Bedeutung.« (T 3.3) »Der Zweck der Philosophie ist die Klärung der Gedanken [...] Das Resultat der Philosophie sind nicht ›philosophische Sätze‹, sondern das Klarwerden von Sätzen« (T 4.112). Schon im Vorwort heißt es: »Was sich überhaupt sagen lässt, lässt sich klar sagen«, und er schließt mit der Feststellung: »Wovon man nicht sprechen kann, darüber muss man schweigen« (T 7), denn »die Grenzen meiner Sprache bedeuten die Grenzen meiner Welt« (T 5.6). Diese Hinwendung und Konzentration der Philosophie auf die Rolle der Sprache hat man den *linguistic turn* genannt. Erst damit wurde die Sprache als Thema in das philosophische Reflektieren aufgenommen.

In seinem zweiten Hauptwerk, den »Philosophischen Untersuchungen« von 1921, gibt Wittgenstein das Exaktheitsideal des »Tractatus« preis, hält aber daran fest, dass die Sprache selbst das »Vehikel des Denkens« (Wittgenstein 1953, 329) ist. Er hebt jetzt hervor, dass es nicht zu fragen gilt, was einzelne Ausdrücke wie »Wahrheit« oder »Erkenntnis« abstrakt bedeuten, sondern dass darauf zu achten ist, wie die Worte in den Sprachspielen tatsächlich gebraucht werden. Die notwendige Wachsamkeit und Aufmerksamkeit gegenüber der Sprache gilt auch hier. Mit seinen beiden großen Werken hat Wittgenstein zwei verschiedene sprachphilosophische Forschungsrichtungen angestoßen, die hier ebenso wenig im Einzelnen darzustellen sind wie in ihren Wirkungen, die sie auf vielen Feldern ausgelöst haben (siehe dazu Braun).

Das linguistische Paradigma ist keine Denkweise, der man sich nach Neigung oder Interesse für Sprache anschließen kann oder nicht. Dieses Paradigma deckt auf, dass sich jede Art von Wahrheitssuche damit auseinandersetzen muss, innerhalb welcher Möglichkeiten und Bedingungen, menschliches Wahrnehmen, Denken, Erkennen, Verstehen und Wissen zustande kommt und welche Rolle die Sprache dabei spielt.

2.2 Die Rolle der Sprache

Im ontologischen und mentalistischen Paradigma wurde Sprache in ihrer kommunikativen Funktion wahrgenommen und genutzt. Mit der Entwicklung des linguistischen Paradigmas kam ihre aktive und inhaltliche Rolle für unser Denken und Handeln in den Blick. Wie, das soll im Folgenden angedeutet werden.

2.2.1 Die vielen Sprachen

Vorab eine Verständigung über den Gebrauch des Wortes »Sprache«. Zur Ausstattung des Menschen gehört die ihm angeborene Fähigkeit, ein System von Zeichen auszubilden. Im Sinne dieser Sprachfähigkeit hat jeder gesunde Mensch »Sprache« (*langage*). Aus dieser Sprachfähigkeit sind im Laufe der Menschheitsgeschichte zigtausend Sprachen im Sinne von konkreten Sprachsystemen (*langue*) unterschiedlichster Art hervorgegangen (von Altai, Balinesisch, Chinesisch, Deutsch, Englisch, Französisch bis Zulu). Heute schätzt man, dass es noch 4500 Sprachen gibt, mit abnehmender Tendenz (Crystal, 284). Jede dieser Einzelsprachen bringt für ihre Sprecher auf je ihre Art Weltwirklichkeit zu Bewusstsein, das sich vom Bewusstsein der Sprecher anderer Sprachen erheblich unterscheiden kann. Die Vielfalt der Sprachen war schon immer bekannt. Aber die Erkenntnis, dass sich uns Weltwirklichkeit stets über die Sicht erschließt, die uns die jeweilige Sprache auf Welt eröffnet, ist in der europäischen Kultur erst durch die Impulse von Giovan Battista Vico, Johann Gottfried Herder und Wilhelm von Humboldt ins Bewusstsein gebracht worden. Aus deren Impulsen sind viele Forschungsprojekte hervorgegangen, in denen die Rolle der jeweiligen Sprache für das Denken und den Erkenntnisgang ihrer Sprecher verdeutlicht wurden. Eine dritte Bedeutung von Sprache neben *langage* und *langue,* nämlich *parole* im Sinne einer aktuell gesprochenen Rede, können wir in unserem Zusammenhang vernachlässigen. Zu erwähnen bleibt, dass auch die Zeichensysteme der Wissenschaften als konkrete Sprachen (*langue*) zu verstehen sind.

2.2.2 Der Zusammenhang von Sprache und Denken

Seit spätestens Mitte des 20. Jahrhunderts wird nicht mehr ernsthaft bestritten, dass sich voll ausgebildetes Denken im geistigen Raum der Sprache und mit den Mitteln der Sprache vollzieht. Die alte Vorstellung, dass Denken sprachfrei geschieht und in eine beliebige Sprache nur »eingeht«, um kommunizierbar zu werden, ist ebenso Geschichte wie die extreme Gegenthese, nach der Denken sklavisch an die jeweilige Sprache gebunden ist. Schon Gottfried Wilhelm Leibniz (1646–1716) hat erkannt, dass die Sprache dem Denken ihre Struktur nicht aufnötigt, aber das Denken lenkt. Umso wichtiger ist es, sich bewusst zu machen, *wo* und *wie* unser Denken bei der Suche nach Wahrheit sich von den Worten und von den Bedeutungen, die wir meist ungeprüft übernehmen, lenken lässt und dabei die

Sache aus den Augen verliert, um die es geht. Im Folgenden soll der zu beachtende Zusammenhang von Sprache und Denken an einigen typischen Beispielen verdeutlicht werden.

2.2.3 Der Sprachrealismus

Wo Sprache unreflektiert verwendet wird, meint man, die Sprache spiegle die Wirklichkeit getreu wieder. Man geht sogar davon aus, dass wir es dort, wo unsere Sprache eine Bezeichnung hat, mit etwas Realem (einem Gegenstand oder Sachverhalt) zu tun haben. Aus der Bedeutung, die ein Wort in unserer Sprache hat, wird dann abgeleitet, was die bezeichnete Sache ist und welche Eigenschaften sie hat. Der »Wind« ist unserer Sprache ein Subjekt, das »weht«. Dieses sein Tun kann qualifiziert werden: Er »umschmeichelt« oder »pfeift uns um die Ohren«. Er selbst kann als ein »böser«, »heftiger«, »stürmischer« Wind charakterisiert werden. Ein Kind kann diese durch Worte erbaute »luftige Realität« mit der schlichten Frage zerstören: »Wo und was ist denn der Wind, wenn er nicht weht?«

Der Ingenieur und spätere Sprachwissenschaftler Benjamin Lee Whorf hat für eine Feuerversicherungs-Gesellschaft Hunderte von Schadensfällen untersucht und stieß in vielen Fällen darauf, dass sie sprachlich mitverursacht waren. In einem Fall ging es um die Explosion in einem Lager leerer Benzintonnen. Wo gefüllte Benzintonnen stehen, sind überall Schilder angebracht, die auf die Explosionsgefahr hinweisen und Warnungen, nicht mit offenem Feuer zu hantieren. Im Lagerraum der leeren Tonnen gab es derlei Warnhinweise nicht, da es sich ja um leere Tonnen handelte. Das Wort »leer« sagt zwar richtig, dass sie kein Benzin mehr enthalten. Es suggeriert damit, dass von den Fässern keine Gefahr mehr ausgehen kann. Es unterschlägt freilich, dass die geleerten Benzintonnen von ihrer ehemaligen Füllung noch Dämpfe enthalten, die sogar leichter zu entzünden sind als das Benzin selbst. (Weitere Beispiele bei Whorf, 74–77).

2.2.4 Die Satzstruktur

Das unreflektierte Sprachverständnis unterstellt, dass wir Wirklichkeit als objektiv gegeben vorfinden und sie mit unseren Worten und Sätzen strukturgleich nachbilden. Bei genauerem Hinsehen zeigt es sich, dass der Vorgang umgekehrt verläuft. Wir interpretieren die Wirklichkeit nach den uns überkommenen Wörtern und gemäß der Struktur unserer Grammatik. Whorf fasst zusammen: »Jede Sprache ist ein eigenes, riesiges Struktursystem, in dem die Formen und Kategorien kulturell vorbestimmt sind, aufgrund derer der Einzelne sich nicht nur mitteilt, sondern auch die Natur aufgliedert, Phänomene und Zusammenhänge bemerkt oder übersieht, sein Nachdenken kanalisiert und das Gehäuse seines Bewusstseins baut.« (Whorf, 52f; ausführlicher bei Weisgerber, 2f) Was hier zur Rolle der Sprache für das Erkennen von Welt gesagt wird, hat Immanuel Kant für die menschliche Erkenntnis bereits generell in das abendländische Weltverständnis eingebracht. Im Gegensatz zu der bis dahin geltenden Meinung, dass sich unsere Erkenntnisse nach den Gegenständen und deren Gesetzmäßigkeiten richten und diese widerspiegeln, setzte er die begründete These: »Der Verstand schöpft seine Gesetze (a priori) nicht aus der Natur, sondern schreibt sie dieser vor.« (Kant 1783, § 36). In der Philosophie ist diese Einsicht längst unbestritten. Im Bewusstsein der Zeitgenossen hat sie sich noch nicht allgemein durchgesetzt. Deshalb ist es auch so schwer, die konstitutive Rolle der Sprache für unser Verständnis von Weltwirklichkeit plausibel zu vermitteln. Im Folgenden sollen einige der erkenntnisleitenden Funktionen verdeutlicht werden, die vom indoeuropäischen Sprachtypus und besonders von der deutschen Sprache ausgeübt werden.

2.2.5 Die Wortarten

Die indoeuropäischen Sprachen haben und benutzen drei Wortarten, mit denen sie Wirklichkeit ausdrücken, nämlich

- Substantive/Dingwörter: Sie bezeichnen Personen und Gegenstände.
- Verben/Tätigkeitswörter: Sie bezeichnen Vorgänge und Handlungen.
- Adjektive/Eigenschaftswörter: Sie bezeichnen Qualitäten, Eigenschaften, die Art und Weise von etwas.

Diese Wortarten sind die für heutige Sprecher vorgegebenen Kategorien, in denen wir Wirklichkeit wahrnehmen. Sie bilden die Wirklichkeit nicht strukturgleich ab, sondern sie fungieren als Leitkategorien, nach denen alle Mitglieder dieser Sprachgemeinschaft die Wirklichkeit ansehen und sprachlich zum Ausdruck bringen, also interpretieren. Menschliche Sprache ist nicht durch philosophische Reflexion und auch nicht für die philosophische Wahrheitserkenntnis entstanden, sondern im Überlebenskampf mit der gegebenen Umwelt. In dieser Situation war es sinnvoll, die *Dinge*, die uns begegnen, mit einer bestimmten Wortart (*Substantiv*) als greifbare Gegenstände zu kennzeichnen: Stein, Baum, Apfel, Nuss, Bär, Vogel, Namen. Von jedem lebenden oder unbelebten Ding kann man sagen, dass es sichtbar und fassbar *ist*.

Mit dem *Verb* drückt unsere Sprache aus, was geschieht. Das Kind schläft, der Wald rauscht. In diesen zweigliedrigen Sätzen artikuliert sich der Mensch als Wahrnehmender gegenüber dem, was vor seinen Sinnen vorgeht. Wir sprechen deshalb von *Vorgangssätzen*. Kulturgeschichtlich ist das eine frühe Stufe des Welterlebens. Der zweigliedrige Vorgangssatz ist nur bei intransitiven Verben möglich. Transitive Verben bedürfen der Ergänzung durch ein Objekt und führen zu einem dreigliedrigen Satz. Der kann zwar auch noch als Vorgangssatz gelten: »Der Mann sieht ein Reh« (das zufällig in seinem Blickfeld auftaucht). Lautet der Satz aber: »Der Jäger erschießt das Reh«, so hat er zwar die gleich grammatische Struktur, aber er lenkt den Blick auf das, was der Jäger *tut*. Diese Sicht nennen wir einen *Handlungs-*

satz. Er teilt mit, welche Aktivität (schießen) von welchem Tätersubjekt (Jäger) ausgeht.

Diese Hinsicht auf ein Geschehen, die nach dem Verursacher dessen fragt, was das Verb ausdrückt, ist die charakteristische indoeuropäische Art, Welt zu betrachten. Ein Blick auf andere Sprachfamilien zeigt, dass diese Sicht auf Welt nicht zwingend ist, sondern von unserem Sprachtyp durch die Wortarten und den entsprechenden Satzbau nahe gelegt wird. Helmut Gipper hat in seiner Habilitationsschrift gezeigt, dass z. B. im Chinesischen der Blick auf den Verursacher eines Geschehens nicht nahe gelegt wird, denn dasselbe Wort kann »je nach der Stellung im Satz als Substantiv, Adjektiv oder Verb, ja auch als Adverb oder Präposition fungieren« (Gipper, 271). Sprecherinnen und Sprecher des Chinesischen erleben Weltwirklichkeit in erster Linie als Vorgänge, die sich vor ihren Augen abspielen.

2.2.6 Der Subjektzwang

In indoeuropäischen Sprachen ist der aus Subjekt und Prädikat bestehende Satz die Grundform der Mitteilung. Die beiden Pole können auf mannigfaltige Weise erweitert werden. Das ändert aber nichts am Grundschema. Da dieses Satzmodell konsequent durchgehalten wird, legt es uns nahe, dass die Struktur unserer Sätze die Struktur der Wirklichkeit nachbildet. Der chinesische Philosoph Chang Tung-sun weist uns darauf hin, dass es im chinesischen Satz den Zwang zu einem Subjekt-Prädikat-Schema nicht gibt. Mehr noch: Es ist »für einen chinesischen Satz nicht wesentlich, ein Subjekt zu haben (Chang, 261).

Wir sprechen in unserer Sprache den Subjekten ein Sein zu, selbst wenn diese gar nicht von dinglich-substantieller Art sind. Von Chang Tung-sun erfahren wir: »Im Chinesischen gibt es kein Wort wie ›*Substanz*‹« (Chang, 268). Entsprechend »gibt es im chinesischen Denken auch keine Spur der Vorstellung einer Materie [...] Den chinesischen Verstand interessiert es nicht, ob es ein letztes Substrat gibt, das den Dingen zugrunde liegt«.

(ebd.) Es gibt auch kein Verb, das unserem »ist« im Sinne von »existieren« entspricht. Demgegenüber nötigt uns das Grundschema des indoeuropäischen Satzes dazu, bei allem, was geschieht, auch zu sagen, durch *wen* es *bewirkt* wird. Das gilt selbst dort, wo gar nichts bewirkt wird, wie in Aussagen: »Das Kind schläft« oder »der Junge faulenzt«. In Sprachen, die den Subjektzwang des Satzes nicht kennen, muss nach dem Verursacher eines Geschehens auch nicht notwendig gefragt werden, und er muss auch nicht benannt werden. Diese Sprachen erzwingen nicht, darüber zu spekulieren, wer und was der Verursacher oder die erste Ursache eines Geschehens ist, von welcher Substanz diese Erstursache ist und wo sie sich befindet, weil doch jedes Ding einen Ort haben muss.

Schon dieser kurze Blick auf eine Sprache ohne Subjektzwang lässt erahnen, in wie hohem Maße die Spekulation in der griechischen und der ihr folgenden Philosophie durch die Struktur der indoeuropäischen Sprachen hervorgebracht und geprägt ist. Zu diesen Wesenheiten, die von unserer Sprache hervorgebracht werden, gehört auch »die Wahrheit«.

2.2.7 Das Verursacher-Schema

Das Täter-Tun-Schema (*agens – actio*) bringt im Beschreiben von Wahrnehmbarem nicht nur Täter hervor, die gar nichts tun (»das Kind schläft«); es muss sogar dort, wo kein Täter für ein Geschehen zu ermitteln ist, fiktive Täter erschaffen und in das Geschehen hineinlesen, um dem Satz-Schema gerecht zu werden.

In vielen Sprachen gibt es Verben, die ohne Tätersubjekte eine vollständige Aussage machen. Der Hopi sagt: »rehpi« (blitzen) (Whorf, 44), wo wir sagen müssen: »*Es* blitzt«. Mit dem impersonalen »Es« bezeichnen wir im Deutschen ein fiktives Tätersubjekt. In anderen indoeuropäischen Sprachen steht die Verb-Endung für dieses Tätersubjekt (lat. *fulge*-t). Für das Japanische stellt der Sprachwissenschaftler Peter Hartmann fest: »Als Vorgangsnomen ist das japanische Verb seinem Wesen nach außerstande, sich einem Tätersubjekt unterordnend, diesem gleichsam als Vehikel einer Handlung zu dienen, die sich über ihre Eigenschaft als Handlung (Vorgang) hinaus auf ein Objekt erstreckt.« (Hartmann, 70) Unser Verb drückt in seiner Rolle als Prädikat das aus, was ein Tätersubjekt tut. So sagen wir: »Der Mond scheint« und wir interpretieren dieses Scheinen als eine Tätigkeit des Mondes. Wir wissen zwar, dass der Mond nicht von sich aus scheint, sondern Sonnenlicht reflektiert. Aber selbst dieses Reflektieren drückt unser Satz als ein Tun des Mondes, als dessen Aktivität aus. Im japanischen Satz ist das Verb im Sinne eines Prädikats »der Herr im Satz, den alle anderen erwähnten Dinge nur näher bestimmen« (Hartmann, 79). Hier steht »scheinen« als Vorgang im Mittelpunkt, und zwar »von der Art des Mondes in der Nacht«. Dieses »scheinen« wird mit der Partikel »*ga*« nur lose zu »Mond« in Beziehung gesetzt, aber nicht als »von ihm ausgehend« bezeichnet. Nicht »*scheinen* des Mondes« sondern einfach »*mondscheinen*« als Aussage kommt dem in unserer Sprache nahe. »Mond« ist nur Attribut zum Prädikat »scheinen«. Das Japanische und andere Sprachen stellen Sachverhalte in ihrem So-Sein dar. Sie referieren, was sich den Sinnen zeigt. Die indoeuropäischen Sprachen interpretieren alle Vorgänge als Handlungen eines Tätersubjekts. Referierende Sprachen legen eine andere Sicht auf Welt und ein anderes Welterleben nahe als interpretierende Sprachen. Philosophisches Erkennen auch von Wahrheit muss heute klären, wo, wie und in welchem Maße der eigene Erkenntnisprozess auch zum Thema Wahrheit von den Vorgaben der eigenen Sprache geleitet, festgelegt oder gar fehlgeleitet ist.

2.2.8 Die Substantivierung

Die indoeuropäischen Sprachen haben für die Dinge des Raums ein Dingwort (*Substantiv*). Das Dingwort schließt die Vorstellung ein, dass das bezeichnete Ding gegenständlich existiert. Vorgänge oder Ereignisse, die durch das *Verb* ausgedrückt werden, existieren nicht, sondern geschehen. *Adjektive* benennen Qualitäten, die Dingen zukommen. In einigen Sprachen (z. B. im Griechischen und besonders im Deutschen) kann auf einfache Weise so gut wie jede Wortart in ein Substantiv umgewandelt werden, nämlich indem man ihr einen bestimmten Artikel voranstellt. Stellt man im Griechischen dem Adjektiv »*agathós*« (gut) den Artikel »*tó*« (das) voran, so wird daraus das Substantiv »*tò agathón*« (das Gute). Aus dem Vorgangsverb »denken« wird das Dingwort »das Denken«, aus »hier und jetzt« wird »das Hier-und-Jetzt«, aus »eins« wird »das Eine«. Diese Möglichkeit eröffnet abstraktes Philosophieren. So ist es dem bestimmten Artikel mit zu verdanken, dass das Griechische zur Sprache der Philosophen geworden ist. Der Sprachwissenschaftler Bruno Snell belegt das mit dem Blick auf die Römer, deren Sprache den bestimmten Artikel nicht hatte. Cicero als Römer hat Mühe, die einfachsten philosophischen Begriffe (der Griechen) wiederzugeben, nur weil ihm der Artikel nicht zur Verfügung steht, und nur umschreibend kann er Begriffe nachbilden, die sich im Griechischen kurz und natürlich einstellen – er übersetzt etwa »*tò agathón*« (das Gute) mit »*id quo (re vera) bonum est*« (»das, was – wirklich – gut ist«) (Snell 1955, 300). Im Deutschen wird die Umwandlung von Vorgängen, Eigenschaften u. a. zum Dingwort noch durch Großschreibung hervorgehoben. Da im Deutschen die Substantivierung nahezu aller Wortarten besonders leicht möglich ist, verwundert es nicht, dass sich in diesem Sprachraum die spekulative Philosophie so üppig entwickelt hat.

Durch die sprachliche Operation der Substantivierung werden Vorgänge oder menschliches Verhalten und Handlungsweisen zu selbstständigen Phänomenen. Aus »spielen« wird »das Spielen«, aus »lachen« wird »das Lachen«. Mit der Substantivierung werden aus Qualitäten, Quantitäten, Relationen und Eigenschaften ebenfalls eigenständige Wesenheiten. Aus »lang« wird »die Länge«, aus »kalt« wird »die Kälte«, aus »nah« wird

»die Nähe«, aus der Farbe »rot«, die wir an einer Rose wahrnehmen, wird »das Rot«, »die Röte« zu einer Wesenheit, die eigenständig existiert. Sogar dort, wo nichts zu suchen und auch nichts zu finden ist, wird durch die Substantivierung des indefiniten Zahlwortes »nichts« ein »Etwas«, eine Realität erschaffen, nämlich »das Nichts«. Dieses Nichts, das jetzt sprachlich den Status eines »handlungsfähigen Subjekts« hat, kann nun selber handeln und etwas tun: »Das Nichts nichtet«, jedenfalls nach Martin Heidegger, und es kann sogar qualifiziert werden als »ungreifbar«, als »nichtig« oder »nichtend«. Von »nichts« so zu reden, als ob es ein »Etwas« sei, deckt derlei Aussagen als tautologische Wortspielereien auf. Sätze dieser Art schaffen Scheindefinitionen und Scheinprobleme und bringen aus sprachlich korrekten Sätzen lediglich Scheinlösungen und Scheinantworten, also keinerlei Inhalt oder Erkenntnis hervor. Das Beispiel des »Nichts« soll hier lediglich das Problem verdeutlichen, das mit der kategorialen Verschiebung von Vorgängen und Eigenschaften zu Quasi-Dingen entsteht und im Erkenntnisprozess auch für das Thema Wahrheit zu beachten ist. »Der Wind weht« sagt als ganzer Satzinhalt nicht mehr aus als in dem Substantiv »Wind« und in dem Verb »wehen« auch schon enthalten ist.

2.2.9 Die Hypostasierung

Die sprachliche Möglichkeit, Wörter zu substantivieren, ist die grammatische Basis für einen geistigen Umwandlungsprozess, der »Hypostasierung« genannt wird. Nach Immanuel Kant liegt Hypostasierung dort vor, wo man »das, was bloß in Gedanken existiert [...] als einen wirklichen Gegenstand außerhalb dem denkenden Subjekte annimmt«, das heißt »seine Gedanken zu Sachen macht« (Kant 1781, 384 und 395). Vorgänge, Eigenschaften oder nur sprachlich gegebene Größen erhalten durch Substantivierung dingliche Existenz und können jetzt als handlungsfähige Subjekte tätig werden. Das nach seiner Natur »Nichtdingliche« wird zu einem »Gedankending«, das wie ein reales Ding verstanden wird. Aus »verstehen« wird »der Verstand«. Aus der Qualität »vernünftig« wird »die Vernunft«, die arglistig sein kann und die als »absolute Vernunft« oder als »Weltvernunft« nach Hegel alles Wirkliche aus sich hervorgehen lässt.

Einem handelnden Subjekt unterstellt man, dass es weiß, was es erreichen will; seine Aktionen haben ein Ziel. So verwundert es nicht, dass zum Beispiel von Aristoteles der Natur, von Hegel der Weltvernunft und von Henri Bergson dem *élan vital* teleologische Absichten zugeschrieben werden, das heißt: Entwicklungen auf ein Ziel hin. In entgegengesetzter Richtung legt sich auch der Gedanke nahe, dass alles, was ist, eine »Ur-Sache« hat, also ein »Etwas«, in dem es gründet, sei es die platonische »Idee«, sei es eine *causa prima* (erster Beweger) oder »Gott«. Und worin hätte das »Nichts« seinen Ursprung?

Für unser Thema Wahrheit lohnt es sich, noch einmal einen Blick in die frühe Sprach- und Geistesgeschichte zu tun, die Willhelm Luther und Bruno Snell philologisch akribisch erschlossen haben (Luther 1935, 11ff, und Snell 1978). Das Griechische »*alēthēs*« (wahr) und »*alētheia*«(Wahrheit) gehören zur Wortfamilie »-*lēthō*«, was »vergessen« bis »bewusst täuschen« heissen kann. Das vorangestellte »*a*« (a-*privativum*) bringt den inhaltlichen Gegenpol zum Ausdruck, nämlich die »rückhaltlose Offenheit [...] bei der nichts verborgen wird« (Luther 1954, 35). Im Gegensatz zur Lüge besteht Wahrheit darin, »dass nichts dabei verborgen oder verhüllt bleibt« (ebd.).

Aus deutschsprachiger Sicht ist zu beachten, dass wir Wahrheit und Wirklichkeit auseinanderhalten. Wir beziehen Wahrheit auf Aussagen, und Wirklichkeit auf Gegenstände oder Tatbestände. Im Griechischen fließen Wahrheit und Wirklichkeit in dem einen Begriff »wahr«/»Wahrheit« ungeschieden zusammen. Diese sprachgeleitete Einheit begegnet uns ausgeprägt in der Ideenlehre Platons, wonach den Ideen höchste Wahrheit und damit zugleich höchste Wirklichkeit zukommt.

Sobald das, was in einer Aussage als »wahr« bezeichnet werden kann, substantiviert und als »Wahrheit« zu einer eigenständigen Wesenheit erhoben worden ist, lässt sich über diese verdinglichte Entität in tiefsinnigen Sprachspielen frei von jedem Inhalt philosophieren. Als Beispiel einer hypostasierenden Redeweise seien hier nur einige Sätze Martin Heideggers zur Wahrheit vorgelegt: »Die Verborgenheit versagt der *alētheia* [Wahrheit] das Entbergen und lässt sie nicht als Beraubung zu, sondern bewahrt ihr das Eigenste als Eigentum. Die Verborgenheit ist dann, von der Wahrheit als Entborgenheit her gedacht, die Unentborgenheit und somit die dem Wahrheitswesen eigenste und eigentliche Un-wahrheit. [...] Im Entbergenden und zugleich Verbergenden Seinlassen des Seienden im Ganzen geschieht es, dass die Verbergung als das erstlich Verborgene erscheint.« (Heidegger 1943, 21f)

In der deutschen Umgangssprache bedeutet »die Wahrheit sagen« ganz praktisch, nicht zu lügen. Spricht man aber von der »bitteren« Wahrheit, so ist Wahrheit so gegenständlich wie ein Medikament gedacht. Wenn im Wappen der ersten Tschechoslowakischen Republik der Satz stand »Die Wahrheit siegt«, so wurde hier Wahrheit als eine tatkräftige personhafte Mitstreiterin für die eigene nationale Wahrheit verstanden. Ein Blick auf die russische Sprache zeigt schließlich, wie unterschiedlich selbst innerhalb der indoeuropäischen Sprachgemeinschaft das Wort »Wahrheit« gegliedert sein kann. *Ístiniost* steht für »Wahrheit« im Sinn einer »richtigen« Aussage. *Ístinia* meint jene Wahrheit, die die objektive Realität adäquat widerspiegelt. Und mit *práwda* wird der »wahre Sachverhalt« bezeichnet.

Als Wahrheit kommt also in der einzelnen Sprachgemeinschaft nur das in den Blick, was der jeweilige Sprachgebrauch eröffnet. Wahrheit ist in jeder Sprache das, wie von ihr gesprochen wird. Was ein Wort meint, kann nur aus seinem Gebrauch in der jeweiligen Sprache erhoben werden. Heute wissen wir, dass nicht alles in allen Sprachen sagbar ist. Was also unter

»wahr« und »Wahrheit« verstanden werden soll, kann auch nur innerhalb der Gegebenheiten und Möglichkeiten einer bestimmten Sprache gesagt werden. Da jede Sprache auch Strukturen enthält, die das Denken in eine falsche Richtung leitet oder in die Irre führt, wird jeder nachdenkende Mensch gut beraten sein, sich an Wittgensteins dictum zu erinnern: »Die Philosophie ist ein Kampf gegen die Verhexung unseres Verstandes durch die Mittel unserer Sprache.« (Wittgenstein, 1953, 109)

2.3 Zum Wahrheitsverständnis in der gegenwärtigen Philosophie

Wir müssen uns hier nicht mit den Spezialproblemen befassen, die zum Thema Wahrheit in der Philosophie diskutiert werden. Hier ist nur bewusst zu machen, inwiefern sich hinsichtlich der Wahrheitsfrage die gegenwärtige Philosophie von der antiken und mittelalterlichen Philosophie unterscheidet.

2.3.1 Schritte in die Moderne

In der antiken Philosophie und ihrem ontologischen Paradigma galt die aller Weltwirklichkeit vorgegebene Wahrheit zugleich als das »wahre Seiende«. Die Aufgabe des Menschen bestand darin, dieses vorgegebene Wahrheit zu erkennen. Im mentalistischen Paradigma der Neuzeit bezweifelte man, dass sich eine vorgegebene Wahrheit erkennen lässt und suchte das Kriterium der Wahrheit in der subjektiven Gewissheit des Erkennenden. Das ehemals ontologisch Vorgegebene musste jetzt vom erkennenden Subjekt als gewiss erkannt und inhaltlich definiert werden. Aus seinem Grundsatz: »Ich denke, also bin ich« folgerte Descartes in seinen Meditationes von 1641, dass all das wahr ist, was ich als klar und deutlich erfasse. Dazu zählen für ihn die dem Menschen eingeborenen Ideen (*ideae innatae*), wie z. B. die Gottesidee, die logischen Gesetze, die mathematischen Gesetze und die Materie als das »ausgedehnte Ding«. Er glaubte noch fest an vorgegebene ewige Wahrheiten und Wesenheiten an sich, verortete diese aber in der Selbstgewissheit des erkennenden Subjekts. Damit wurde die Lehre vom Sein (Ontologie) in eine Theorie der Erkenntnis überführt.

Im 18. und 19. Jahrhundert hat sich daraus die philosophische Erkenntnistheorie entwickelt. Ihr geht es nicht mehr um die Erkenntnis der Wahrheit. Sie fragt, was Wahrheit ist und wie wir sie erkennen können. Anders gesagt: Die Erkenntnistheorie sucht nicht nach konkreter Erkenntnis von Weltwirklichkeit. Ihr Gegenstand ist der Prozess menschlichen Erkennens selbst. Sie fragt, was es bedeutet, etwas zu wissen, wodurch aus Meinungen Erkenntnisse werden, und wie wir wissen können, dass es sich tatsächlich um Erkenntnisse handelt. Im Blick auf die Wissenschaften versteht sich die Erkenntnistheorie als Wissenschaftstheorie.

Das Modell der absoluten Wahrheit, die im Erkenntnisprozess freigelegt wird, galt bis ins 19. Jahrhundert. Dieses noch im platonischen Denken verfasste Seins- und Wahrheitsverständnis wurde durch zwei geistige Strömungen aufgelöst. Das war zum einen die Erkenntnis, dass alle unsere Aussagen – auch die über Sein und Wahrheit – geschichtlich bedingt sind. Zum anderen setzte sich die Einsicht durch, dass unsere Gedanken im Vokabular und in der grammatischen Struktur einer bestimmten Sprache gedacht und durch diese mitgeprägt sind.

Ein Blick in die philosophischen Spezialdisziplinen mag bestätigen, dass die Philosophie von jenen Nüssen lebt, die sie sich selbst zu knacken aufgegeben hat. Wir können uns darauf beschränken, uns mit jenen »Nüssen« zu befassen, auf die jeder denkende Mensch bei der Frage nach dem, was »wahr« ist, selbst stößt. Zur besseren Verständigung sei für unseren Zusammenhang hier eine begriffliche Unterscheidung eingeführt. Im Folgenden soll unter »Wirklichkeit« das verstanden werden, was wir durch unser Wahrnehmen, Beobachten, Experimentieren erkennen und als unser Bewusstsein von Wirklichkeit haben.

Diese Wirklichkeit ist das uns eigene Konstrukt von Weltwirklichkeit. Sie ist stets die Wirklichkeit *für jemanden*. Als »Realität« soll bezeichnet werden, worauf sich unser Erkennen bezieht und ihm – wie auch immer – zugrunde liegt.

2.3.2 Stichworte zum Wahrheitsverständnis

Bei allen Aussagen, in denen die Begriffe »wahr« oder »Wahrheit« vorkommen, ist darauf zu achten, in welcher Sprachebene sie gemacht werden.

a) Das Wort »wahr« ist ursprünglicher als »Wahrheit«. Es ist seiner Form nach ein Adjektiv, lässt sich aber nicht als Eigenschaftswort benutzen. Ein Adjektiv bezeichnet die Eigenschaft eines Objekts. Aber »wahr« ist keine Eigenschaft, die einem Objekt anhaftet. Als »wahr« können nur Sätze bezeichnet werden, die über objektsprachliche Äußerungen gemacht werden. Beispiel: Der Satz »Steinkohle ist schwarz« ist eine objektsprachliche Aussage. Er sagt etwas über das Objekt Steinkohle. Sage ich aber: »Es ist wahr, dass die Steinkohle schwarz ist«, so behaupte ich nichts über die Steinkohle, sondern bestätige nur, dass der *Satz* »Steinkohle ist schwarz« mit dem übereinstimmt, wie wir Steinkohle wahrnehmen, nämlich als »schwarz«. Aussagen *über* objektsprachliche Sätze sind metasprachliche Aussagen. Mit Metasprache bezeichnet man die Sprache, mit der man über die Objektsprache spricht. Das griechische Präfix *méta* bezeichnet hier eine höhere Ebene als die normale Objektsprache.

b) Die Substantivierung von »wahr« zu »Wahrheit« darf nicht zu der Annahme verleiten, dass die Wahrheit als ein »Ding« im Sinn einer eigenständigen Substanz zu verstehen sei. Wahrheit als eine für sich existierende Wesenheit *gibt* es nicht. Sie lässt sich jedenfalls weder postulieren noch bestreiten, weil mit den menschlichen Erkenntnismöglichkeiten über sie nichts auszumachen ist. Die Wörter »wahr« und »Wahrheit« sind metasprachlicher Art und können als objektsprachliche Prädikate nicht benutzt werden.

c) Bereits Aristoteles hat erkannt, dass »wahr« und »Wahrheit« sich nicht auf Sachen, sondern nur auf Aussagen über Sachen und Tatbestände beziehen können. Deshalb sind Dinge, Befehle, Gebote, Wünsche, Fragen u. a. m. nicht »wahrheitsfähig«. Die Sprachform einer Aussage ist der Satz, der Aussagesatz. Die Wahrheit eines Satzes entscheidet sich daran, ob das, was er sagt, mit jener Wirklichkeit übereinstimmt, über die er etwas sagt. Kurz: »Die Wahrheit einer Aussage besteht in ihrer Übereinstimmung mit der Wirklichkeit.« (Tarski, 143) Wie das »Übereinstimmen« verstanden werden kann, wird noch zu klären sein.

d) Wahrheit hat es mit jener Wirklichkeit zu tun, die wir als »Tatsachen« bezeichnen, weil die Satzwahrheit als zutreffend nur an den Tatsachen überprüft werden kann, die wir als Wirklichkeit verstehen. Was wir aber im Sinne unseres Wirklichkeitsverständnisses wahrnehmen, das ist nicht die absolute Realität, sondern das historisch und sprachlich bedingte Konstrukt unseres menschlichen Erkenntnisprozesses. So kann sich die Wahrheit eines Satzes immer nur auf diese von Menschen erfassbare und gesetzte Wirklichkeit und eben nicht auf eine absolute Realität beziehen. Das soll an zwei Beispielen veranschaulicht werden.

Unsere »Tatsachen« werden vom jeweiligen Sprachsystem mitgeprägt. Die französische Sprache fasst mit dem Wort »*fleur*« Blumen und Blüten zu einer einheitlichen Größe zusammen. Die deutsche Sprache hingegen unterscheidet deutlich die *Blumen* als eigenständige Pflanzen von den *Blüten*, die den höheren Pflanzen als Organe der geschlechtlichen Fortpflanzung dienen. Die Aussage, dass eine Blume eine eigenständige Pflanze ist, wäre in der deutschen Sprache wahr. Der gleiche Satz in französischer Sprache (*La fleur est une plante qui subsiste par elle-même*) wäre hingegen falsch.

Die Hinsicht, unter der wir etwas betrachten, legt fest, was uns als Tatsache erscheint. Obstbäume z. B. betrachtet der Obstbauer daraufhin, wie schnell und wie hoch sie wachsen, welchen Pflegeaufwand sie brauchen, wie anfällig für Schädlinge sie sind und welche Sorten welche Erträge bringen. Aus seiner Hinsicht erschafft er seine Tatsachen. Ein Evolutionsbiologe betrachtet die Obstbäume unter einer völlig anderen Hinsicht und kommt zu seinen Tatsachen. Einen Möbelschreiner interessieren beider Hinsichten nicht. Die für ihn wichtigen Tatsachen haben weder etwas mit Obst noch mit Entwicklungsgeschichte zu tun, sondern allein mit den Eigenschaften des Stammholzes für die Herstellung von Furnieren oder für Möbelstücke. Jede Hinsicht bringt in ihrem System ihre »Tatsachen« hervor. Und nur an dieser Art von Tatsachen lassen sich Satzwahrheiten als »wahr« oder »falsch« überprüfen.

Was das für die Wahrheitsfrage in den Wissenschaften bedeutet, wird später auszuführen sein. Hier aber sei bereits gesagt, dass Wahrheit *relational* zu verstehen ist, das heißt bezogen auf einen Tatsachenbereich, den menschliche Erkenntnis unter einer bestimmten Hinsicht konstituiert hat. Deshalb gibt es viele Wahrheiten, nämlich ebenso viele, wie es sprachliche Möglichkeiten der Welterschließung und Hinsichten der Betrachtung gibt. Diese Wahrheiten stehen in keiner Konkurrenz zueinander, und sie schließen einander auch nicht aus. Sie sind nicht besser oder schlechter, sondern lediglich auf das eigene System und die eigene Hinsicht bezogen. Da der Mensch nicht in der Lage ist, ein Phänomen in einer Art Rundumhinsicht von Nirgendwo allseitig und ganz zu erfassen, bleiben wir auf diese Vielzahl von Wahrheiten angewiesen, die alle in sich korrekturfähig bleiben.

e) Im praktischen Umgang mit der Anwendung von »wahr« und »Wahrheit« empfiehlt es sich, die Sprachebene zu beachten. Geht es in einem Gespräch z. B. um verschiedene Meinungen, Vermutungen, Wertungen, Ideologien oder persönliche Überzeugungen, so geht es um inhaltliche Differenzen und Auseinandersetzungen in der Objektsprache. Die Wahrheitsfrage steht dabei gar nicht an. Die Wahrheitsfrage taucht erst dort auf, wo eine Satzaussage an einer überprüfbaren Tatsache gemessen werden kann. Bei Meinungen, Überzeugungen, Plausibilitäten kann es nicht um wahr oder falsch gehen, sondern nur um Zustimmung oder Ablehnung mit entsprechenden Begründungen.

2.3.3 Wahrheitstheorien

Im Unterschied zum ontischen Wahrheitsverständnis der griechischen Antike steht heute nicht mehr allgemeingültig fest, was unter »wahr« und »Wahrheit« zu verstehen ist. Die beiden Begriffe hängen jetzt von dem Kontext ab, in welchem sie verwendet werden. Gemeint ist in jedem Falle die Übereinstimmung einer Satzaussage mit einem anderen. Die Art der Übereinstimmung kann unterschiedlich sein. Das kann hier nicht im Einzelnen entfaltet und diskutiert, sondern nur angedeutet werden (Näheres in: Skirbekk, 8–34):

Die **Korrespondenztheorie** versteht Wahrheit als »Übereinstimmung oder Angleichung des subjektiven Erkenntnisvermögens speziell des Intellektes an den objektiven Sachverhalt« (Gloy, 92). Dieses Wahrheitsverständnis, das wir bei Thomas von Aquin, bei Descartes und bei Kant finden, ist freilich so allgemein und vage, dass es einer philosophischen Nachfrage nicht standhält. Was ist mit dem »subjektiven Erkenntisvermögen« gemeint: der Intellekt, das Bewusstsein, die Möglichkeiten des Wahrnehmens? Welches Verhältnis ist gemeint: Das von Denken zu Sein, von Bewusstsein zu Welt, von Erkenntnis zu Realität, von Sprache zu Welt? Und was meint »Übereinstimmung oder Angleichung« zwischen dem psychischen und dem physischen Bereich? Hier ist vieles offen.

Die **Kohärenztheorie** bezweifelt grundsätzlich, dass sich eine Übereinstimmung zwischen der Erkenntnis und einem Objekt dieser Welt herstellen lässt, denn dazu müsste man eine Position außerhalb des eigenen Erkennens und der eigenen Sprache einnehmen können, was aber nicht möglich ist. Versteht man Welt als das, was wir durch unsere sinnlichen Zugangsweisen und unsere Sprache als Wirklichkeit erkennen, so besteht die Wahrheit einer Aussage darin, dass sie sich widerspruchslos in unser jeweils gültiges Paradigma und Erkenntnissystem einfügt. Die Bezugsgröße für Wahrheit ist hier das System. Von Wahrheit ist daher sinnvoll nur systemimmanent zu reden.

Die **Konsenstheorie** ist eine von mehreren Spielarten der Kohärenztheorie. Das System bilden hier die an einem Gespräch beteiligten »vernünftigen« und »verständigen« Teilnehmenden. Deren begründeter und notwendiger Konsens definiert, was »wahr« ist. Nur, was ist »vernünftig« und »verständig«, und was wären die idealen Gesprächsbedingungen für einen begründeten Konsens? Auch in der Fassung der Diskurstheorie des Philosophen und Sozialwissenschaftlers Jürgen Habermas (geb. 1929) wird Wahrheit nicht inhaltlich in der Sache begründet, sondern in den idealen Bedingungen des Diskurses, der zum Konsens führt. Wahrheit wird durch den idealen Prozess ihres Zustandekommens konstituiert.

Wahrheit in konstruktivistischer Sicht: Der Begriff »Konstruktivismus« drückt leider sehr missverständlich aus, was damit gemeint ist. Zu den üblichen Fehldeutungen gehört die Unterstellung, der Konstruktivismus behaupte, unsere Erkenntnis sei »nichts anderes« als unsere Konstruktion oder lasse sich darauf reduzieren, die Strukturen des Denkprozesses zu klären, die ihr zugrunde liegen.

Philosophiegeschichtlich ist der Blick auf die Konstruktionen unseres Denkens nicht neu. Der Konstruktivismus bündelt und vertieft Gedanken, die von Sokrates an über Wilhelm von Ockham (1288–1349), George Berkeley (1685–1753), Immanuel Kant (1724–1804), Jean Piaget (1896–1980) bis zum zeitgenössischen Philosophen Wolfgang Welsch (geb. 1946) in die Diskussion eingebracht wurden. Was seit Wilhelm von Humboldt

(1767–1835) zur Rolle der Sprache für unser Erkennen erforscht wurde und was seit Beginn des 20. Jahrhunderts die Physik zur Klärung der Rolle des Beobachters für das Beobachtete aufgedeckt hat, das erforscht der Konstruktivismus für die biologischen und neurologischen Grundlagen unseres Denkens.

Bahnbrechend hierfür war das Werk »Der Baum der Erkenntnis« (1984, dt. 1987) der chilenischen Neurobiologen Humberto R. Maturana und Francisco J. Varela. Die beiden Forscher brachen ein zweieinhalbtausend Jahre geltendes Tabu der abendländischen Kulturgeschichte, nämlich das Tabu, die offensichtlich biologischen Grundlagen unseres Erkennens zu ergründen.

Das Ergebnis der Untersuchungen ist einleuchtend und schockierend zugleich und lautet: Unsere Erkenntnisse der Dinge haben mit dem wahren Sein der Dinge nichts zu tun. Der Neurologe Manfred Spitzer hat das so veranschaulicht: »99,9 % aller kortikalen Neuronen erhalten ihren Input von anderen kortikalen Neuronen. Überspitzt ausgedrückt: Unser Gehirn beschäftigt sich fast ausschließlich mit sich selbst.« (Spitzer, 135) Die Vorstellung, es gäbe da draußen Objekte, die wir durch unsere Sinne gleichsam abbildlich in unseren Kopf bekommen, wurde längst aufgegeben. Wir wissen, dass z. B. keine Korrespondenz besteht zwischen dem, was wir als Farben wahrnehmen und der physikalischen Wellenlänge des Lichts, das von den Objekten reflektiert wird. »Wir sehen nicht *die* Farben oder *den* Raum, sondern nur unsere jeweils eigene visuelle ›Konstruktion.« (Erdmann, 28) Allein damit ist schon die alte Vorstellung überholt, wir könnten Wirklichkeit oder Wahrheit als unabhängig von unserem Bewusstsein existierende Realität erkennen. Der Philosoph und Kommunikationswissenschaftler Siegfried J. Schmidt fasst zusammen: »In der Wissenschaftstheorie ist es bis heute nicht gelungen, allgemein akzeptierte Wahrheitskriterien zu finden.« (Schmidt, 137) Das ist aus konstruktivistischer Sicht auch nicht zu erwarten, da »unsere Wahrnehmungen lediglich und ausschließlich unsere eigenen Konstruktionen sind, die im wahrsten Sinn des Wortes absolut nichts mit dem wahren und ontischen Sein (einer für sich existierenden Realität) zu tun haben können« (Erdmann, 18). Da wir aufgrund unserer neuronalen Struktur keine absoluten Wahrheiten erkennen können, gibt es auch keine Möglichkeit, darüber zu entscheiden, dass oder ob ein Wissenschaftszweig mit seiner Erkenntnis der absoluten Wahrheit näher kommt als andere.

2.4 Auswertung und Ausblick

Es sei noch einmal daran erinnert, dass das Substantiv »Wahrheit« als ein *Reflexionsbegriff* zu verstehen ist. Reflexion, von lat. *reflectere,* bedeutet »(auf sich selbst) zurückbeugen«. Das Wort Wahrheit gehört zu jenen Substantiven (wie Raum, Zeit, Geist, Wirklichkeit), die keinen selbstständigen Gegenstand mit beschreibbaren Eigenschaften bezeichnen, sondern auf sich selbst zurückweisen. Was »wahr« bedeutet, lässt sich objektsprachlich nicht definieren, weil es nichts für sich selbst bedeutet, sondern nur ausdrückt, dass eine Aussage den Sachverhalt, den sie aussagt, sprachlich angemessen bezeichnet. »Die Wendung ›ist wahr‹ macht aus der *Bezugnahme* auf einen Sachverhalt die *Behauptung* dieses Sachverhalts.« (Franzen, 174) »Wenn davon die Rede ist, dass ein Satz oder eine Aussage wahr ist, so heißt das immer, dass das, was mit diesem Satz oder dieser Aussage gesagt ist, wahr ist« (Franzen, 179). In dieser Bedeutung von »wahr« können nur Aussagesätze als »wahr« bezeichnet werden. Aussagen stellen Sachverhalte dar. Wenn diese Sachverhalte bestehen, dann sind es Tatsachen. Diese aber sind sprachlich mitkonstituiert und nie Tatsachen an sich. Das Thema Wahrheit kann sich aus der Sprache nicht selbst entlassen, weil es ja nur in Bezug auf sprachlich fassbare Tatsachen artikulierbar ist. Für die Bedeutung von »wahr« und »Wahrheit« ist die Relation einer Satzaussage zu einem Tatbestand konstitutiv und *bleibend.*

Im ontologischen Paradigma stand die vorgegebene und allem zugrunde liegende Seinswahrheit als die unbestrittene Bezugsgröße fest. Im mentalistischen Paradigma hat seit dem Zweifel und der subjektiven Gewissheit Descartes' der Mensch zunehmend selbst die Bezugsgröße und die Kriterien für Wahrheit festgelegt. Philosophie und Wissenschaften entwickelten sich bis zum Anfang des 19. Jahrhunderts unter einem Dach. Sie traten erst nach 1831 mit dem Ende des deutschen Idealismus auseinander und machten fortan je ihr System zur Bezugsgröße von Wahrheit. Aus der *einen* Wahrheit waren die *vielen* Wahrheiten geworden. Die Struktur von Wahrheit, die als solche relational zu verstehen ist, tritt uns heute vielgestaltig entgegen, nämlich in Relation zu unterschiedlichen Systemen. Das wird im Folgenden noch auszuführen sein. Wie wir gesehen haben, hat sich auch mit dem Wechsel zum mentalistischen und linguistischen Paradigma die Philosophie selbst und ihr Wahrheitsverständnis verändert. Geblieben ist ihr als Ganzer und in ihren einzelnen Sachbereichen das Problem des *Selbstbezugs*/der *Selbstreferenz* und der Zirkularität, das aller Erkenntnis von menschlichem Erkennen anhaftet. Philosophie versteht sich heute zu recht als eine »Reflexionsdisziplin« (Janich, 11). Das muss uns hier nicht weiter beschäftigen. Für alle nichtphilosophischen Fachbereiche, in denen die Wörter »wahr« und »Wahrheit« verwendet werden, entsteht die Frage, in welchem Sinn und zu welchem Zweck das jeweils geschieht.

3. Wahrheit im Rechtswesen

Das Problem von »wahr« und »falsch« musste nicht erst von Philosophen entdeckt werden, denn es taucht überall auf, wo Menschen zusammenleben. In alltäglichen Streitfällen muss für eine Schlichtung oder für die Klärung ermittelt werden, welche Aussagen den bekannten Tatsachen am besten entsprechen. Das wird unterhalb der Ebene staatlichen Rechts von Eltern, Lehrern, Vorgesetzten oder von den Streitenden selbst im Alltag ständig praktiziert.

3.1 Warum überhaupt Recht?

Der Mensch ist im Unterschied zum Tier von seiner Natur her durch keine artspezifischen Instinkthandlungen auf ein normatives Verhalten festgelegt. Außer dem Leben selbst ist ihm auch kein normativer Sinn vorgegeben. Deshalb ist jede menschliche Gemeinschaft, die überleben und stabil bleiben will, dazu genötigt, ihr Zusammenleben nach zukunftssichernden Regeln selbst zu gestalten. In den älteren Kulturen geschah das durch Sitten, Bräuche und moralische Regeln, die weithin religiös verankert waren. Moderne Gesellschaften geben sich selbst ein schriftlich fixiertes Recht. Als Bürger eines neuzeitlichen Staates finden wir geltendes Recht immer schon vor.

3.2 Was gilt als Recht?

Unter Recht versteht man die Gesamtheit der Gesetze eines Rechtssystems. In einem modernen Staatswesen gilt als Recht das, was von den dazu legitimierten Institutionen als geltend gesetzt ist. Ein Recht, das durch sein Gesetztsein Geltung hat, gilt als »positives« (von lat. *positum* = das Gesetzte) Recht. Das Rechtssystem wird inhaltlich konkret in seinen Elementen, den

Rechtsnormen. Auch diese erhalten ihre Legitimation allein kraft ihrer Setzung. Ziel und Zweck des Rechtssystems ist es, ein erträgliches Zusammenleben der einer Rechtsgemeinschaft Angehörenden zu gewährleisten. Das soll mit den konkreten Gesetzen erreicht werden, die freilich dem Bewusstsein der Menschen entsprechen und daher dem Bewusstseinswandel der Gesellschaft ständig angepasst werden müssen.

3.3 Woher kommen die Inhalte des Rechts?

Solange in Europa das ontologische Paradigma unbestritten war – sei es in seiner philosophischen oder in seiner christlichen Version – ließ sich Recht inhaltlich aus einer vorgegebenen Wahrheit herleiten. Die Reformatoren haben Recht bereits als ein »weltlich Ding« verstanden, das von der politischen Obrigkeit zu regeln war. Von katholischer Seite wird bis heute der aus der Antike stammende »Naturrechts-Gedanke – dass also Normen des Zusammenlebens in der Natur des Menschen und seiner Lebensverhältnisse begründet sind – « in seiner christlichen Version im Gespräch gehalten, um das staatliche Recht in ein größeres, vorgegebenes und unverfügbares göttliches Recht einzubinden.

Dieses ontologische Denkmodell ist in das Rechtssystem eines religiös neutralen pluralistischen Staats nicht integrierbar. Dennoch wird der Gesetzgeber in einer demokratischen Ordnung sich bei der inhaltlichen Setzung von Rechtsnormen an dem Bewusstsein orientieren, das in der Gesellschaft durch Religion, Moral, Sitte und Brauchtum existiert, und darüber hinaus auch dem politischen, wirtschaftlichen und sozialen Kontext beachten. Insofern muss sich staatliche Rechtsordnung immer auch auf Normen und Gegebenheiten beziehen, die sie nicht selbst geschaffen hat, sondern vorfindet.

Vor diesem Hintergrund wird im gegenwärtigen Rechtsverständnis der von Hans Kelsen begründete juristische Positivismus in einer abgeschwächten Form praktiziert. Kelsens »Reine Rechtslehre« schließt metaphysische Normen, Werte und Seinsordnungen als verbindliche Vorgaben für das Recht prinzipiell aus. Inhalt, Zweck und Mittel der Rechtsordnung liegen nach seiner Meinung in der Hand der staatlichen Rechtssetzung. In diesem Rechtsverständnis stellt sich die Frage nach wahr oder falsch nicht. Da sich auch »die Frage nach dem richtigen Recht erübrigt, lässt sich jeder beliebige Inhalt des Rechts denken« (Grawert in: HWbPh 8, 236). Unter demokratischen Verhältnissen wird die das Recht setzende staatliche Einrichtung sehr sorgfältig darüber zu wachen haben, ob die einzelnen Gesetze dem Bewusstsein der Zeitgenossen und den politischen, wirtschaftlichen und sozialen Gegebenheiten jeweils angemessen sind. Die geistige Auseinandersetzung um das, was angemessen ist, wird auf der politischen Ebene ausgetragen. Angesichts der hier gegebenen Möglichkeiten der Rechtssetzung in einer Diktatur bleibt nur die Feststellung des Rechtswissenschaftlers Erich Fechner: »Wir stehen inmitten einer großen Ratlosigkeit« (Fechner, 124).

3.4 Wo die Wahrheitsfrage unentbehrlich ist

Einigkeit besteht darin, dass Rechts*normen* nicht wahrheitsfähig sind. Daher kann der Rechtswissenchaftler Klaus Adomeit lapidar feststellen, dass die Wahrheitsfrage im Kernbereich der juristischen Disziplinen, nämlich der Rechtsdogmatik, keine Rolle spielt (Adomeit, 634). Damit wird freilich das Rechtswesen nicht insgesamt zum wahrheitsfreien Bereich erklärt. Denn in der Recht*sprechung* geht es sehr wohl um Wahrheit. Hier ist man sich auch weitgehend einig: »Im Strafprozess ist für den Richter die Zielvorgabe die materielle Wahrheit.« (Albrecht, 487) »Der Bundesgerichtshof [...] favorisiert die materielle Wahrheit als Bezugspunkt.« (ebd., 486) Obwohl die Einsicht in die materielle Wahrheit, den tatsächlichen Sachverhalt, kaum zu erreichen ist, sei das Bemühen um Annäherung anzustreben. Das logische Problem, wie die Annäherung an etwas, das man nicht kennt, festzustellen ist, steht in der Praxis nicht an, da der Bundesgerichtshof »die persönliche Gewissheit des Richters zum konstitutiven Element der Überzeugungsbildung erklärte« (ebd., 487). Im Prozessrecht geht es also sehr zentral um die Frage, ob und in welchem Maße eine Aussage mit dem zu klärenden Sachverhalt übereinstimmt. Wie wichtig vor Gericht die Verpflichtung zur Wahrheit ist, zeigt das Instrument der Aussage unter Eid. Meineid und Falscheid stehen unter Strafe. Die Verpflichtung, die Wahrheit zu sagen, betrifft nicht das Recht selbst, bildet aber die Voraussetzung dafür, dass im Streitfall die Sachwahrheit so gut wie nur möglich geklärt werden kann.

4 Wahrheit in der Mathematik

Die Mathematik ist in den frühen Kulturen aus den praktischen
Aufgaben des Verwaltens, Messens und Planens hervorgegangen.
Bereits von den Griechen wurde die Mathematik zu einer »be-
weisenden« Wissenschaft ausgebaut. Mit dem Beginn der Neuzeit wurde sie auf die technisch-physikalischen Wissenschaften
angewendet. Erst seit dem 19. Jahrhundert wurde die Mathematik
zu einer abstrakten Strukturwissenschaft von Raum- und Zah-
lengrößen verallgemeinert (Näheres in: Mainzer, 800–804).

Wir müssten über Mathematik in unserem Zusammenhang
nicht sprechen, stünde hier nur die »Schulmathematik« auf dem
Prüfstand. Die Lehrerinnen und Lehrer dieses Faches konnten
uns durch die Zensuren bereits klarmachen, dass es hier nicht
um »wahr« oder »falsch«, sondern um »richtig« oder »falsch«
geht. Mathematik muss im Zusammenhang mit Wahrheit
deshalb befragt werden, weil sie heute nicht nur als die Sprache
der Physik, sondern darüber hinaus als die Sprache all jener
Wissenschaften verstanden wird, die die Bezeichnung »exakt«
für sich reklamieren.

4.1 Zum allgemeinen Verständnis

Galileo Galilei (1564–1642) war überzeugt, das Buch der Natur
sei in mathematischen Lettern geschrieben. Er und seine naturwissenschaftlichen Kollegen interpretierten die mathematischen
»Wahrheiten« als ewige, göttliche Wahrheiten. Das war noch im
ontologischen Paradigma gedacht.

Die Evolutionsbiologen in der Nachfolge von Charles Darwin (1809–1882), die im mentalistischen Paradigma argumen-
tierten, sahen die menschlichen Denkmuster – also auch die
mathematischen Kategorien und Denkmuster – durch die Evolution hervorgebracht. Der Biologe Hans Mohr stellt fest: »Die

Selektion hat für uns die der Natur gemäßen Denkmuster ausgelesen. Es muss bei Tier und Mensch zu einer zumindest partiellen Identität von kognitiver Struktur und Realstruktur gekommen sein. Die Muster unseres Denkens und die Muster der Natur müssen wenigstens partiell übereinstimmen. [...] Weil wir uns an die Natur und an die Struktur der Welt angepasst haben, können wir im Einvernehmen mit der realen Welt denken. Wir können aus den vorgewussten Axiomen die formale Logik und die Mathematik entwickeln und auf die Natur anwenden. Die Naturmuster sind notwendigerweise die Ursache der Denkmuster« (Mohr, 27f). Mohr sieht die erworbenen Denkmuster in den Genen verankert, andere sehen sie im Gehirn vorgegeben. Der Biologe Günter Altner fasst zusammen: »Alle biologischen Befürworter der evolutionären Erkenntnistheorie berufen sich auf den Anpassungswert und Überlebenswert informationeller Strukturen [...] als Kriterium für Wahrheit.« (Altner, 24)

Dieses evolutionäre Erkenntnis- und Wahrheitsmodell ist in einer seiner Varianten das Wahrheitsverständnis, dem heute die meisten Naturwissenschaftler anhängen und das auch im Allgemeinbewusstsein der Zeitgenossen die größte Zustimmung findet.

In kulturgeschichtlicher Sicht erweist sich die evolutionäre Erkenntnis- und Wahrheitstheorie als ein klassischer Ausdruck des mentalistischen Paradigmas. Der Natur wird vom erkennenden Subjekt, den Biologen, die Rolle jenes Trägers der absoluten Wahrheit zugewiesen, die im ontologischen Schema das Sein und in christlicher Version Gott innehatte. Der Zirkelschluss, nämlich die Wahrheit an der Größe »Natur« zu messen, die man zuvor zur absoluten Wahrheit erhoben hat, bringt keinerlei Erkenntnis, sondern bestätigt nur das eigene Konzept. Erstaunlich ist ferner, dass die skizzierte evolutionäre Erkenntnistheorie keinerlei Anzeichen einer Berührung mit den linguistischen Erkenntnissen aufweist, die uns seit mehr als einem Jahrhundert zur Verfügung stehen. Das Prinzip der evolutionären Erkenntnistheorie entspricht dem Modell der pragmatischen Wahrheitstheorie William James' von 1907. Sie muss sich daher auch den entsprechenden Anfragen stellen (vgl. 2.3.2, d).

4.2 Zum Selbstverständnis

Stellen wir die Frage, an welchen Tatsachen sich die Wahrheit mathematischer Aussagen messen lässt, so greifen wir ins Leere. Mathematik ist eine abstrakte Strukturwissenschaft. Ihre Grundbegriffe haben keinerlei Bedeutung. Weil sie von keiner Weltwirklichkeit sprechen, sind sie auch experimentell nicht nachprüfbar. Die Grundlage aller mathematischen Sätze sind Axiome (Axiom von gr. *axioûn* = fordern, für würdig halten, glauben). Axiome sind die ersten Sätze einer Theorie, aus denen alle übrigen Aussagen der Theorie (die Theoreme) logisch gefolgert werden. Die Axiome als Grundlage allen Beweisens sind selbst keines Beweises fähig und auch nicht bedürftig. In der euklidischen Geometrie galten die Axiome noch als unmittelbar einleuchtend, anschaulich und evident (z. B. zwischen zwei verschiedenen Punkten gibt es stets eine Gerade, die durch beide Punkte führt. Zu einem Punkt, der außerhalb einer Geraden liegt, gibt es in der Ebene höchstens eine Gerade, die durch diesen Punkt geht und die andere Gerade nicht schneidet). Im 19. Jahrhundert wurden auch nichteuklidische Geometrien entwickelt. Sie beschreiben imaginäre Räume, für die andere Gesetze gelten. Hier verliert das euklidische Parallelenaxiom bereits seinen Evidenz- und Wahrheitscharakter. Der Mathematiker David Hilbert hat 1899 in den »Grundlagen der Geometrie« ein formal-axiomatisches System vorgelegt, in welchem Axiome keinen Inhalt mehr enthalten, sondern Aussageschemata sind, die erst einen Inhalt erhalten, wenn sie in einem Wirklichkeitsmodell interpretiert werden. Der Philosoph Bertrand Russell (1872–1970) definierte die Mathematik daher »als die Wissenschaft, in der wir nie wissen, wovon wir sprechen, noch ob das, was wir sagen, wahr ist.« (Hermes, 29).

4.3 Auswertung

Jenseits des Grundlagenstreits, der unter Mathematikern geführt wird, lässt sich mit Werner Braunbek die Mathematik allgemeinverständlich so charakterisieren: Die Grundlage aller mathematischen Sätze sind Axiome. »Das sind willkürliche Sätze, die nur der einen Bedingung genügen müssen, gegenseitig widerspruchsfrei zu sein. Aus diesen Axiomen werden aufgrund von willkürlich vereinbarten Regeln neue Sätze abgeleitet« (Braunbek, 35). Die Mathematik beschreibt nicht die oder eine Wirklichkeit, sondern ein in sich widerspruchsfreies, inhaltsfreies Denkmodell abstrakter Strukturen. Auf die mathematischen Axiome und Operationen als solche ist der Wahrheitsbegriff, der sich umgangssprachlich und philosophisch stets auf konkrete Inhalte und Tatbestände bezieht, gar nicht anwendbar. Wird Mathematik hingegen in anderen Wissensbereichen zur Formulierung von Erkenntnissen benutzt, so ist dort die Wahrheitsfrage jeweils neu zu stellen (vgl. das folgende Kapitel).

5 Wahrheit in den Wissenschaften

5.1 Zum Wortverständnis

5.1.1 Wissen

Ehe wir von der Wahrheit in den Wissenschaften sprechen, ist es geboten zu klären, was hier unter »Wissen«, »Wissenschaften« und »Erkenntnis« zu verstehen ist. Denn mit dem gleichen oder einem entsprechenden Wort wurden oder werden in den unterschiedlichen Kulturen und kulturellen Epochen unterschiedliche Inhalte zum Ausdruck gebracht. Das muss hier nicht im Einzelnen entfaltet werden, ist aber im Blick auf historische Texte zu beachten.

Wissen glaubte man bis in die mittelalterliche Scholastik durch formales Schließen aus den vorgegebenen Prinzipien schöpfen zu können. Diese Annahme wird seit der Aufklärung verworfen, ja sie wurde geradezu auf den Kopf gestellt. »Wissen« ist seither nur durch jene rationalen Erkenntnisverfahren zu gewinnen, die Descartes als »sichere und evidente« Erkenntnis definiert hatte. Immanuel Kant schränkt Wissen weitergehend auf empirisch gesicherte Verstandeserkenntnis ein. Er unterscheidet also das »Wissen« vom »Meinen« und vom »Glauben« als den unzureichenden Formen des »Fürwahrhaltens«. Dem Wissen eignet eine empirische oder rationale Gewissheit. Demnach kann sich für Kant Wissen nur auf Gegenstände möglicher Erfahrung beziehen. Diese Definition hat nicht nur den Wissensbegriff der Naturwissenschaften geprägt, er hat sich in popularisierter Form sogar im Allgemeinbewusstsein durchgesetzt. Hier verbindet sich mit Wissen auch die Gewissheit, dass erkannte Phänomene tatsächlich so sind, wie sie uns erscheinen.

5.1.2 Wissenschaft

Im englischen Sprachraum ist »Wissenschaft« von dem skizzierten Verständnis von »Wissen« her definiert worden. So gilt *science* (von lat. *scire* = wissen) als gleichbedeutend mit »Naturwissenschaft«. Im deutschen Sprachraum wurden besonders durch den Philosophen Wilhelm Dilthey Ende des 19. Jahrhunderts zwischen Natur- und Geisteswissenschaften unterschieden. Die Naturwissenschaften verstand er als erklärende, die Geisteswissenschaften als verstehende Wissenschaften. Geisteswissenschaft wurde zum Sammelbegriff für die philologisch-historischen Disziplinen. Im 20. Jahrhundert hat man dieser Zweiteilung noch eine dritte Gruppe, nämlich die »Lebenswissenschaften« hinzugefügt, die biologische, physiologische und medizinische Perspektiven einbringen. Auch mit dieser Dreiteilung sind längst nicht alle wissenschaftlichen Disziplinen erfasst. Wissenschaft lässt sich allgemein als eine Tätigkeit beschreiben, die in einem begrenzten Phänomenbereich auf der Basis vorausgesetzter Axiome mit definierter Fragestellung und dafür angemessenen Methoden intersubjektiv kommunizierbare Erkenntnisse hervorbringt.

5.1.3 Wissenschaftliche Erkenntnis

Das Nachdenken über menschliche und wissenschaftliche Erkenntnis setzte bereits vor zweieinhalb Jahrtausenden bei den griechischen Philosophen ein. Seither hat sich aber das Verständnis von Wissen, Wissenschaft und Erkennen vielfach gewandelt. Mit einigem Mut zu pauschaler Betrachtung kann man sagen: »Teleologisches Denken hat die Wissenschaft lange beherrscht, seit Aristoteles bis zum Beginn der Neuzeit« (Heller, 19). Teleologisches Denken (von gr. *télos* = Ziel, Zweck) meint, dass alles Seiende seinem Wesen nach ein Ziel und einen Zweck in sich trägt. Teleologisches Denken fragt nach dem »Wozu«. Seit Aristoteles gilt: »Die Wesenheit oder Physis der einzelnen Dinge ist somit ein Für-etwas-geworden-Sein.« (Hirschberger 1,

207) Das gilt für alles Seiende, das man in der höchsten Idee oder in Gott gegründet versteht. Dieses teleologische Weltverstehen wurde erst vom englischen Philosophen Francis Bacon (1561–1626) durch die kausale Betrachtungsweise abgelöst, die nicht mehr nach dem »Wozu«, sondern nach dem »Warum« fragt.

Der Umbruch vom teleologischen zum kausalen Weltverstehen wird in Darwins »Theorie der Evolution durch natürliche Auslese« von 1859 anschaulich. Der Gedanke der Evolution war unter Biologen nicht neu. Aber alle Evolutionstheorien vor Darwin gingen davon aus, dass sich Entwicklung auf ein von der Natur oder von Gott gesetztes Ziel hin vollzieht. Das vorab gegebene Ziel im Sinne einer Idee verwirklichte sich im Prozess der Entwicklung. Das Revolutionäre an Darwins Theorie besteht darin, dass er den Gedanken der Teleologie konsequent aus dem Entwicklungsprozess verabschiedete. Seine Sicht der Entwicklung gründet sich auf zwei kausale Prozesse. Das ist zum einen der Vorgang der Mutation, das ist die ständig stattfindende Veränderung der Erbsubstanz. In einer zweiten Stufe werden aus den erblich veränderten Organismen durch eine natürliche Selektion diejenigen ausgelesen, die der jeweiligen Umwelt am besten angepasst sind. Was bei der Mutation in der Erbsubstanz geschieht und nach welchen Gesetzmäßigkeiten Selektion geschieht, haben erst spätere Forschergenerationen entschlüsselt. Wesentlich war, dass mit dem kausalen Verständnis von Entwicklung – das heißt einem neuen Denkmodell – ein fruchtbares Forschungsfeld eröffnet wurde.

Galt bis Francis Bacon alles Erkennen und Wissen als Teilhabe am göttlichen Wissen, so verstand man es von nun an als menschliches Erkennen und als menschliches Wissen. Damit stellten sich ganz neue Fragen, so zum Beispiel:

– Auf welche Weise erkennen wir?
– Von welcher Art ist unser Wissen?

- Wie verhält sich menschliches Erkennen und Wissen zu dem, was wir erkannt zu haben meinen?

Hans-Peter Dürr, der langjährige Mitarbeiter des Atomphysikers Werner Heisenberg, charakterisiert Naturwissenschaft nach heutigem Verständnis so: »Die Naturwissenschaft handelt nicht von der eigentlichen Wirklichkeit, von der ursprünglichen Welterfahrung oder allgemeiner: dem, was dahintersteht, sondern nur von einer bestimmten Projektion dieser Wirklichkeit, nämlich von dem Aspekt, den man, nach Maßgabe detaillierter Anleitungen in Experimentalbüchern, durch ›gute‹ Beobachtungen herausfiltern kann.« (Dürr 1991, 31). Alle wissenschaftliche Erkenntnis, auch die der Naturwissenschaft, steht unter dem Vorzeichen, dass wissenschaftliche Weltbilder generell menschliche Entwürfe, das heißt Konstrukte der menschlichen Vernunft sind.

Der Konstruktcharakter der naturwissenschaftlichen Weltbilder lässt sich an den Sätzen des Nikolaus Kopernikus über die »Himmelsbewegungen« im »Commentariolus« von 1514 veranschaulichen. Kopernikus stellt hier fest: Nicht die Sonne dreht sich um die Erde (wie man das bisher annahm), sondern die Erde dreht sich um die Sonne. Auch drehen sich die Sterne nicht um die Erde (wie es der Augenschein nahe legt und die Astrologen seit vorbiblischen Zeiten unterstellten), sondern die Erde dreht sich um sich selbst. Die These des heliozentrischen Weltbildes hat die fachlichen Zeitgenossen des Kopernikus wenig aufgeregt. Denn zum einen hatte bereits der griechische Philosoph Aristarch (um 320 v. Chr.) das heliozentrische Weltbild gegen das geozentrische Weltbild ins Gespräch gebracht. Zum andern konnte Kopernikus für sein heliozentrisches Modell nicht den geringsten wissenschaftlichen Beweis vorlegen. Er hatte die Sonne auch gar nicht aus physikalischen Erwägungen, sondern aus ästhetischen Gründen in den Mittelpunkt des Kosmos gestellt. Er hielt auch an der alten Sphärenlehre fest, wonach alle Bewegungen um die Sonne durch die »Sphären« zustande kommen, die sich auf vollendeten Bahnen drehen. Das alles wurde von den nach ihm kommenden Astrologen als unzutreffend widerlegt, aber das heliozentrische Weltmodell erwies sich für die Erforschung der Himmelsbewegungen als sehr fruchtbar. Dieses Weltmodell konnte erst nach mehr als drei Jahrhunderten durch Beobachtungen angemessen bestätigt werden. Immanuel Kant hat in seinen »Prolegomena zu einer jeden künftigen Metaphysik, die als Wissenschaft wird auftreten können« von 1783 festgestellt, dass nicht die Natur, sondern die menschliche Sicht auf die Natur den Gang der wissenschaftlichen Forschung bestimmt. Er fasst das in dem Satz zusammen: »Der Verstand schöpft seine Gesetze (a priori) nicht aus der Natur, sondern schreibt sie dieser vor.« (Kant 1783, § 36) Ganz praktisch heißt das: Jede wissenschaftliche Fragestellung und jede Interpretation von Beobachtungen oder Tatbeständen setzt ein definiertes Weltverständnis, ein Paradigma voraus (vgl. S. 63f).

5.2 Die Physik als Leitwissenschaft

5.2.1 Von der Naturphilosophie zur neuzeitlichen Physik

Seit Menschen über Sprache verfügen, haben sie Naturvorgänge beobachtet und aus der Erfahrung mit der Natur Regeln abzuleiten versucht. In diesem Sinn haben Babylonier und Ägypter bereits systematisch Beobachtungsdaten gesammelt. Sie haben aber noch keine Erklärungen für die Bewegungen der Gestirne gesucht. Erste Versuche einer rationalen Deutung der Naturvorgänge tauchen erst bei den vorsokratischen Philosophen in Griechenland auf. Nach Aristoteles ist die Physik eine der drei theoretischen Wissenschaften. Die erste Philosophie, die man später »Metaphysik« nannte, untersucht die Prinzipien des Seienden. Die zweite Philosophie, die Physik, beschränkt sich darauf, die Prinzipien der Bewegung im Sinne jeder Art von Veränderung zu erforschen, die das Wesen alles Weltlichen kennzeichnet. Die Mathematik, als die dritte Philosophie, durfte als reines Gedankengebäude nicht zur Erklärung der Natur herangezogen werden.

Der Umbruch zu einem neuzeitlichen Verständnis von Naturwissenschaft zeichnet sich bereits in den Schriften von Leonardo da Vinci (1452–1519) ab. Wissenschaft – besonders der Natur – muss sich nach Leonardo da Vinci auf praktische Erfahrung und Mathematik gründen. Francis Bacon sah in der Naturwissenschaft die höchste Form von Wissenschaft und forderte dafür bereits ein empirisch induktives Verfahren.

Seit dem 17. Jahrhundert entwickelte sich der neuzeitliche Begriff der Physik als einer »messenden, experimentierenden und mathematischen Naturwissenschaft« (Mainzer in: HWbPh 7, 939). Diese neuzeitliche Physik wurde zur Leitwissenschaft. Ihr Weltverständnis hat auch im allgemeinen Bewusstsein das Weltverständnis des Theismus verdrängt und abgelöst. Innerhalb des neuzeitlich-naturwissenschaftlichen Rahmens haben sich im Blick auf die Wahrheitsfrage unterschiedliche Positionen herausgebildet.

5.2.2 Wahrheit in den Abbildtheorien

Unterschiedliche Positionen der Physiker hinsichtlich der Frage, in welchem Verhältnis die physikalischen Erkenntnisse zu dem untersuchten »Gegenstand« stehen, deuten an, dass auch physikalische Erkenntnisse in historische Vorgaben eingebunden sind. Außerdem hängt das jeweiligen Verständnis von Wahrheit von der Entscheidung darüber ab, welches Wahrheitskriterium jeweils zugrunde gelegt wird.

Die Physiker des 17. bis 19. Jahrhunderts folgten weitgehend der Abbildtheorie (Korrespondenztheorie vgl. 2.3.3), die Thomas von Aquin (1224/25–1274) auf die Formel gebracht hat: Wahrheit ist die Angleichung von Sache und Intellekt aneinander (»adaequatio rei et intellectus«). Kant definierte die Wahrheit als die »Übereinstimmung der Erkenntnis mit ihrem Gegenstand« (Kant 1781, A 58 B 82). Die Empiristen und Rationalisten unter den Physikern gehen davon aus, dass sich die Objekte der Außenwelt in unserem Wahrnehmen und unseren Erkenntnissen widerspiegeln. In diesem Wahrheitsverständnis klingt das metaphysische Erbe von Antike und Mittelalter nach. In der Philosophie ist diese Wahrheitsdefinition längst als Zirkelschluss aufgedeckt. Denn, um die Übereinstimmung mit dem Gegenstand oder der Tatsache feststellen zu können, müssten wir diese bereits (auf welche Weise?) kennen. Hier sieht man die Wahrheit des Erkannten in der Rationalität der Prämissen, in der Korrektheit der Messungen und in der Zuverlässigkeit der Beobachtungen und Experimente begründet. Wahrheit wird auch bei dieser Begründung aus Prämissen und Vorgaben abgeleitet, die der Mensch zuvor gesetzt hat. Die Begründung stützt sich auf Aussagen, die selbst der Begründung bedürfen. Dennoch hat sich die Abbildtheorie im Bewusstsein der Zeitgenossen festgesetzt.

5.2.3 Wahrheit als Widerspruchsfreiheit im System

Ende des 19. Jahrhunderts waren die Naturwissenschaftler der Überzeugung, dass die Welt nach mechanischen Gesetzen funktioniere, die wir bereits entschlüsselt hätten und nun zur Gestaltung einer besseren Welt nutzen könnten. Ernst Haeckel trug 1899 in seinem Buch »Die Welträtsel« das naturwissenschaftliche »Glaubensbekenntnis der reinen Vernunft« (Haeckel, 511) seiner Zeit mit geradezu inquisitorisch-absolutistischem Wahrheitsanspruch vor. Die Erfolge der Technik als der »angewandten« Naturwissenschaft schienen diesen Wahrheitsanspruch augenfällig zu bestätigen.

Haeckel konnte nicht wissen, dass bereits 1900 das klassische Wahrheitsverständnis der klassischen Physik infrage gestellt werden sollte. Max Planck hatte bei der Untersuchung des Lichts festgestellt, dass sich die Gesetze der klassischen Physik auf das atomare Geschehen nicht anwenden liessen. In vielen Versuchen und Diskussionen mit Fachkollegen zeichnete sich ein neues Weltverständnis ab, das Werner Heisenberg 1925 in einer Arbeit

»Über eine quantentheoretische Umdeutung kinematischer und mechanischer Beziehungen« formulierte. Diese Schrift gilt als die Geburtsstunde einer neuen Physik. Hans-Peter Dürr fasst den Umbruch im Weltverständnis der Physik so zusammen: »Nach der klassischen Denkweise erscheint die Welt als ein ›objektiv‹ existierender hoch komplizierter Mechanismus, der nach festen, unabänderlichen Gesetzen in Raum und Zeit abläuft. Ziel des Naturwissenschaftlers ist es, die genaue Struktur dieses Mechanismus zu erforschen und die Gesetze zu finden, die seine zeitliche Entwicklung bestimmen. Die Kenntnis dieser Gesetze gibt ihm die Möglichkeit, zukünftige Ereignisse vorherzusagen, und gleichzeitig die Fähigkeit, Naturprozesse beherrschbar und für seine eigenen Zwecke dienstbar zu machen. Im Gegensatz zu diesem klassischen Weltbild besteht die wesentliche Aussage der Quantenphysik darin, dass es die von uns als selbstverständlich vorgestellte ›objektive‹ Wirklichkeit, also eine Wirklichkeit, die ohne uns als Betrachter oder Beobachter existiert, streng genommen gar nicht gibt. [...] Die Naturgesetze, so enthüllt die Quantentheorie, sind nur statistische Gesetze. Sie erlauben nicht mehr, zukünftige Ereignisse in aller Schärfe vorherzusagen, sondern sie bestimmen nur Wahrscheinlichkeiten für eine Vielzahl möglicher Ereignisse. Die Vorstellung einer Welt von der Art eines nach strengen und nach unabänderlichen Gesetzen ablaufenden Uhrwerks wird ersetzt durch eine Welt, in der die Zukunft prinzipiell offen ist, in der nur noch eine Tendenz für mögliche Folgen festgelegt ist. Dies beinhaltet eine tiefgreifende Veränderung der Kausalstruktur.« (Dürr 2003, 134f) Die klassische Physik lebte in der Vorstellung, dass auch außerhalb von und auch ohne uns eine Welt in Gestalt von Objekten und Gegenständen als »die Realität« besteht. Die Erkenntnisse der Naturwissenschaft bilden danach diese Realität objektiv ab. Demgegenüber hat die neue Physik erkannt, dass wir als Beobachter nicht einer »objektiv gegebenen Realität« gegenüberstehen, sondern dass wir selbst ein Teil des Wechselspiels zwischen Mensch und Natur sind.

Heisenberg stellt fest: »Auch in der Naturwissenschaft ist also der Gegenstand der Forschung nicht mehr die Natur an sich, sondern die der menschlichen Frage ausgesetzte Natur, und insofern begegnet der Mensch auch hier wieder sich selbst« (Heisenberg, 18). Bei naturwissenschaftlicher Erkenntnis »handelt es sich eigentlich nicht mehr um ein Bild der Natur, sondern um ein Bild unserer Beziehung zur Natur« (Heisenberg, 21). Dieses Bild bauen wir mittels unserer Fragestellung und unserer Methoden der Untersuchung auf. Die mathematischen Formeln, in denen wir Erkenntnisse artikulieren, bilden also nicht die Natur ab, sondern unsere Art der Erkenntnis von Natur. Unsere Erkenntnis enthält notwendig die Bedingungen und die Perspektivität menschlichen Hinsehens auf Welt.

Am Prozess wissenschaftlichen Erkennens hat die Physik aufgedeckt, »dass die Wirklichkeit im Grunde keine Realität im Sinne einer dinghaften Wirklichkeit ist« (Dürr 2014, 103). Von Wirklichkeit können wir nur in der Gestalt jener Modelle sprechen, auf die hin wir sie betrachten und nach unseren Methoden befragen. Im Horizont dieses Wirklichkeitsverständnisses lässt sich die Wahrheitsfrage im Sinne einer Übereinstimmung unserer Erkenntnis mit ihrem Gegenstand gar nicht mehr stellen. Wahrheit kann sich hier nur noch auf das Ensemble des vom Physiker vorausgesetzten Aspekt des Befragens und der dazu benutzten Methoden beziehen. Innerhalb dieser Vorgaben kann man von »richtig« und »falsch«, aber nicht mehr von »wahr« und »falsch« sprechen.

5.2.4 Wahrheit als Konsens

Ein Blick auf die Geschichte des Weltverstehens offenbart noch ein ganz anderes Verständnis von Wahrheit. Von der Antike bis Kopernikus sah man die Erde als Mittelpunkt des Universums. Das war unbestreitbarer Konsens unter allen Fachleuten und Zeitgenossen jener Epoche und damit die geltende Wahrheit. Die Forschungsarbeiten der Astronomen haben überzeugend dargetan, dass unsere Erde ein kleiner Erdkörper am Rande eines großen Universums ist, in dem von einer Mitte nicht mehr gesprochen werden kann.

Noch um 1900 waren die Physiker davon überzeugt, dass alles, was im Weltall nicht materielle Masse ist, von Äther erfüllt sei. Ein leerer Raum existiere nicht. So brauche z. B. das Licht für seine Ausbreitung den Äther ebenso wie der Schall als Medium die Luft oder das Wasser braucht. Ernst Haeckel formulierte den Konsens der Naturwissenschaftler in seinem Buch »Die Welträtsel« (1899) noch so: »Die Existenz des Äthers oder Weltäthers als reale Materie gilt gegenwärtig als positive Tatsache.« (Haeckel, 287) Mehr noch: Nach der Berechnung der damaligen Physiker »soll eine Ätherkugel vom Volumen unserer Erde mindestens 250 Pfund wiegen« (Haeckel, 289). Die Existenz des Äthers schien den Physikern notwendig, »denn alle Wirkung der Körpermassen aufeinander ist entweder durch unmittelbare Berührung, durch Kontakt der Massen bedingt, oder sie wird durch den Äther vermittelt« (Haeckel, 282). Die Vorstellung eines Äthers, die seit der griechischen Antike als unbestreitbar galt, wurde bereits 1905 als Konsequenz aus Einsteins spezifischer Relativitätstheorie aufgegeben und hat sich in Nichts aufgelöst. Die Geschichte der Naturwissenschaften illustriert, wie Erkenntnisse, die von der Gemeinschaft der Fachwissenschaftler als untrügliche Wahrheit behauptet und von der Allgemeinheit als solche angenommen werden, durch einen neuen Konsens der Forschergemeinschaft ersetzt werden – ein Vorgang, der sich im Laufe der Naturforschung ständig wiederholt.

Der amerikanische Wissenschaftstheoretiker Thomas S. Kuhn hat eindrucksvoll gezeigt, dass alle Erkenntnis in ihre jeweiligen geschichtlichen Voraussetzungen eingebunden bleibt. Normale Wissenschaft spielt sich im Rahmen der allgemein geltenden Weltsicht ab. Eine neue Weltsicht – Kuhn spricht vom »Paradigma« – entsteht, wenn das geltende Paradigma bei der Erklärung von Phänomenen oder bei der Lösung von Problemen versagt. Die Krise des geltenden Paradigmas treibt ein neues Paradigma hervor. Das neue Paradigma ist aber nicht schon die neue Theorie oder die neue Sicht auf die Weltwirklichkeit. Vielmehr: »Ein Paradigma ist das, was den Mitgliedern einer wissenschaftlichen Gemeinschaft gemeinsam ist, und umgekehrt besteht eine wissenschaftliche Gemeinschaft aus Menschen, die ein Paradigma teilen« (Kuhn 187). Was als wissenschaftlich gilt, ist stets das, was Konsens der Fachwissenschaftler innerhalb ihres jeweiligen Paradigmas ist.

Jürgen Habermas hat sein kompliziertes Wahrheitsverständnis auf einen idealtypischen Diskurs gegründet, der sich in erfolgreichen Argumentationen bewährt. Für ihn ist Wahrheit »ein Geltungsanspruch, den wir mit Aussagen verbinden, indem wir sie behaupten« (Habermas, 212). Die Entscheidungsinstanz für Wahrheit ist demnach der Konsens der jeweiligen Diskursgemeinschaft. Der Konsens dieser Diskursgemeinschaft bleibt freilich an das jeweilige historisch bedingte Paradigma gebunden und damit in seiner Geltung auf diesen historisch bedingten Rahmen begrenzt.

Gemeinsam ist den Konsenstheorien der Wahrheit, dass für sie als wahr gilt, worin »man« sich einig ist. Dieses »man« kann Unterschiedliches bedeuten. Die normsetzende Größe kann die allen gemeinsame Weltsicht der Zeit sein, deren Vorgaben so selbstverständlich sind, dass sie gar nicht reflektiert werden. Sie kann aber auch das bewusste und nur der jeweiligen Forschergemeinschaft vertraute Paradigma eines speziellen Fachbereichs sein, wie das der Physik, der Chemie, der Biologie, der Hirnphysiologie und anderer.

5.3. Das Gemeinsame aller naturwissenschaftlicher Wahrheit

Wie also steht es mit dem naturwissenschaftlichen Verständnis der Wahrheit? Einigkeit besteht darin, dass für den Argumentationsgang keine nicht naturwissenschaftlichen Elemente herangezogen werden können. Die Leitwissenschaft der Naturwissenschaften war und ist die Physik mit ihrem Anspruch der exakten Messung und der Fähigkeit, von einer axiomatischen Basis her naturwissenschaftliche Erkenntnis in mathematischen Formeln ausdrücken zu können. Insofern ist das Grundparadigma in allen naturwissenschaftlichen Bereichen gleich.

Der Grundsatz der selbst gesetzten axiomatischen Basis gilt zwar für alle Naturwissenschaften, aber fachspezifische Axiome und damit die konkrete Ausformung des Grundparadigmas unterscheiden sich nach den einzelnen Fachbereichen. Außerdem ist der Grad der Mathematisierbarkeit von Fach zu Fach unterschiedlich.

Trotz dieser Unterschiede erweist sich die Einheit der naturwissenschaftlichen Disziplinen darin, dass die Wahrheitsfrage nur zirkulär und im Blick auf eigene wissenschaftliche Vorgaben und Methoden zu entscheiden ist, denn das Kriterium für Wahrheit ist in allen Fällen durch das je vorgegebene Paradigma bereits gesetzt.

6 Wahrheit in der Geschichtsschreibung

Im Gegensatz zum eindeutigen Selbstverständnis der Naturwissenschaften ist unter Historikern sowohl das Verständnis von Geschichte als auch das Selbstverständnis der Geschichtswissenschaft und deren Ziel strittig (vgl. Evans). Im folgenden Text soll »Geschichte« für das vergangene Geschehen stehen. »Historie« umschreibt die Beschäftigung und den Umgang mit Geschichte, die Rekonstruktion von Vergangenheit und die Art und Weise, in der sich eine Kultur ihre Vergangenheit vergegenwärtigt. Das schließt auch die Arbeit der Geschichtswissenschaft ein. Beschäftigung mit dem Vergangenen und Geschichtsschreibung gibt es seit der Antike besonders an den königlichen Höfen. Eine wissenschaftliche Beschäftigung mit Geschichte ist erst im 18. Jahrhundert im Zusammenhang mit der klassischen Altertumskunde und der aufgeklärten Bibelwissenschaft ausgebildet worden.

6.1 Historiker und Geschichte

Das Material, auf das sich die Geschichtswissenschaft stützt, sind Zeugnisse der Vergangenheit. Das sind Gegenstände, Werkzeuge, Waffen, Münzen, Bauten, Bilder, Ereignisse und schriftliche Dokumente. In Annalen werden vergangene Ereignisse jahrweise aufgezeichnet und in den Chroniken werden die Ereignisse fortlaufend in zeitlicher Ordnung aufgelistet oder erzählt. Geschichtsschreibung und Geschichtswissenschaft bleiben hingegen nicht dabei stehen, Gegenstände, Fakten und Ereignisse der Vergangenheit nur zu sammeln und zu dokumentieren. Sie suchen zu erkennen, ob und wie die uns bekannten geschichtlichen Fakten und Ereignisse miteinander zusammenhängen. Das einzelne geschichtliche Faktum oder Ereignis spricht – wenn überhaupt – nur für sich selbst. Hans-Georg Gadamer verdeutlicht das Problem der historischen Forschung im Vergleich mit den

Naturwissenschaften: »Offenbar kann man nicht im selben Sinne von einem identischen Gegenstand der Erforschung in den Geisteswissenschaften sprechen, wie das in den Naturwissenschaften am Platze ist, wo die Forschung immer tiefer in die Natur eindringt. Bei den Geisteswissenschaften ist vielmehr das Forschungsinteresse, das sich der Überlieferung zuwendet, durch die jeweilige Gegenwart und ihre Interessen in besonderer Weise motiviert« (Gadamer, 268f). Das Interesse des Historikers bestimmt die Wahl des Forschungsobjektes und die Perspektive, unter der Gewesenes befragt werden soll, und nicht unerheblich auch die Auswahl der Deutung und das Gewicht der Zeugnisse, auf die er sich dabei stützt. Bei allem Bemühen des Historikers um Objektivität in seiner Forschungsarbeit ist so etwas wie eine objektive Geschichtswahrheit nicht zu erreichen, weil alle historische Betrachtung und Arbeit kulturell geprägt und perspektivisch gebunden bleiben. Die Ergebnisse historischer Forschung beschreiben auch nicht allein die Wirklichkeit des Vergangenen, sondern charakterisieren zugleich das Verhältnis des Historikers zu seinem Forschungsgegenstand. Historische Aussagen bleiben insofern »doppelgesichtig« (Vogt, 102), denn sie sprechen von Vergangenem wie von dessen gegenwärtigen Zeugen.

6.2 Die Bedeutung der Auswahl und Bewertung von Quellen: Ein Beispiel

Auswahl und Bewertung der Quellen sind ein Schlüsselproblem der historischen Forschung, weil das inhaltliche Ergebnis damit bereits tendenziell festgelegt wird. Das soll hier an einem Beispiel aus der Theologie, nicht aus dem traditionell als Geschichte verstandenen Bereich veranschaulicht werden.

Die Evangelien präsentieren sich den unbefangenen Lesenden wie Berichte über das Leben Jesu. Liest man sie in diesem Sinne, so meint man, eine von vielen Augenzeugen beglaubigte authentische Biografie Jesu vor sich zu haben, aus der sich die historische Wahrheit über ihn direkt entnehmen ließe. Als seit dem späten 2. Jahrhundert theologische Entwürfe entstanden, mit denen die Person Jesu den hellenistischen Zeitgenossen nahe gebracht werden sollte, griff man auf die Evangelien wie auf direkte biografische Quellen zurück. Jesus wurde seinem Wesen nach als der dargestellt, als der er in den Evangelien bezeichnet wird: als Sohn Gottes, als Messias, als Menschensohn, als König. »Sohn Gottes«, im jüdischen Denken eine Metapher für den von Gott adoptierten und mit göttlicher Vollmacht ausgestatteten König Israels, wurde jetzt im biologischen Sinn verstanden. Seit dem 3. Jahrhundert v. Chr. erwartete man im Judentum einen Messias-König, der die große kosmische Wende herbeiführen und sein Volk in Ewigkeit regieren würde. Jetzt verband man mit der Bezeichnung »Messias«, dass Jesus sein Volk in eine neue Zukunft führen und für alle Zeiten regieren würde. Ähnliches erwartete man im Judentum von der in Dan 7,14 angekündigten Gestalt eines »Menschensohnes«. Jetzt charakterisierte man Jesus mit diesem Hoheitstitel und verband damit die Vorstellung, dass mit seinem Kommen die Herrschaft Gottes auf Erden anbrechen würde. Überprüft man mit historisch-kritischen Methoden diese Wesenszuschreibungen Jesu an den Texten, von denen sie hergeleitet sind, so stellt sich heraus:

Die Evangelien sind nicht von Augenzeugen und Zeitgenossen Jesu geschrieben worden, sondern von Verfassern der 2. und 3. Generation (Markus nach 70, Matthäus und Lukas zwischen 80 und 100, Johannes um oder nach 100). Die Evangelisten schrieben keine Biografie Jesu, sondern sie sammelten die umlaufenden schriftlichen und mündlichen Überlieferungen von seinem Wirken und komponierten sie aus ihrer Sicht zu einem Gesamtzeugnis. Die Überlieferungen waren aber weder Gesprächsprotokolle noch Fallberichte, sondern selbst Zeugnisse von Begegnungen, in denen der Zeuge mit dem Symbolfundus seiner Kultur ausdrückte, was ihm das mit Jesus Erlebte oder von ihm Erzählte bedeuteten. Die Zeugnisse in den Evangelien schrieben also nicht neutral berichtend vergangene Geschichte *auf*; sie schrieben vielmehr das, was Jesus angestoßen und eröffnet hatte, in ihrer persönlichen Gegenwart *fort*.

Es gibt auch keinen Text, der darauf hindeutet, dass sich Jesus selbst als leiblicher Sohn Gottes, als Messias, als Menschensohn oder als endzeitlicher König der Juden verstanden hätte. Alles, was ihm göttliche Würde zuspricht, weist er ab, sogar die Anrede »guter Meister«, denn »niemand ist gut außer Gott« (Mk 10,18). Die Hoheitstitel Jesu tauchen in den neutestamentlichen Texten nur als die in der jüdischen Kultur nahe liegenden Anschauungsformen dafür auf, wie die Jünger Jesus nach seinem Tod verstanden haben, was sie von ihm erhofften und in welchem Maße sie sich seiner Botschaft anvertrauten. Erst die Theologie späterer Generationen hat diese Ausdrucksformen des Glaubens und Vertrauens vergegenständlicht und zu Wesensdefinitionen gemacht, die später sprachlogisch weiter ausgebaut und zu Glaubensinhalten erhoben wurden.

6.3 Geschichtsdeutungen formen Bewusstsein

Das skizzierte Beispiel des Umgangs mit geschichtlichen Texten war vor dem Erwachen eines geschichtlichen Bewusstseins in der europäischen Kultur ganz normal. Wo dieses Bewusstsein nicht vorhanden ist, werden Dokumente, Ereignisse und Fakten der Vergangenheit noch heute in dieser Weise gelesen und eingesetzt. Das bis an die Schwelle der Neuzeit noch fehlende Bewusstsein für den zeitbedingten Charakter von Glaubenszeugnissen ist für die heutige Christenheit deshalb so belastend, weil die frühen (Fehl-)Deutungen, die zu feststehenden »Glaubenswahrheiten« versteinerten, bis heute als christliche Wahrheiten mitgeschleppt werden und die Botschaft verstellen, die von der Person und dem Wirken Jesu ausgeht. Der heute notwendigen Versuche, die in den ersten Jahrhunderten erfolgten Fehleinschätzungen der urchristlichen Glaubenszeugnisse zurückzunehmen, gleichen einer

Operation am offenen Herzen und lösen auf allen Seiten Ängste aus. Dennoch wird auch hier Vertrauen in die Botschaft Jesu nur über historische Wahrhaftigkeit zu gewinnen sein.

6.4 Die Perspektivität von Geschichtsdeutung

Von bewussten Geschichtsfälschungen muss hier nicht gesprochen werden. Auch Beispiele dafür, wie geschichtliche Dokumente als Belege für die Ziele der eigenen Geschichtsschreibung eingesetzt werden, müssen hier nicht vorgelegt werden. Sie sind jeder nationalen, ideologisch bestimmten, interessengeleiteten oder propagandistischen Geschichtsschreibung zu entnehmen. Die gegenwärtige Diskussion zur Schuld für den Ausbruch des Ersten Weltkriegs liefert reichlich Anschauung. Einen Tiefpunkt bildet die offene Leugnung der nationalsozialistischen Vernichtungslager und der sechs Millionen Juden, die darin umgebracht wurden.

Wir können heute nicht mehr hinter die Einsicht zurück, dass jedes Verständnis von Geschichte perspektivischen Charakter hat. Damit erledigt sich auch die Frage, welche Perspektive die richtige oder die wahre sei. Es gibt keine übergeordnet neutrale Perspektive, von der aus wir unsere eigene Perspektive sehen und beurteilen könnten. Daher gehörte es zur Redlichkeit historischer Äußerungen, den Lesenden vorab zu sagen, aus welcher Perspektive die Aussagen gemacht werden und zu verstehen sind. Das würde nicht nur zur Klarheit beitragen, sondern auch vielen sinnlosen Streit um wahr oder falsch erübrigen.

6.5 Geschichtsdeutung schafft Identität

Emotional tief verankert und historisch-kritischer Reflexion kaum zugänglich ist die Perspektive, aus der Menschen die Vergangenheit ihrer eigenen religiösen, ideologischen oder sozialen Gruppe betrachten. Die gemeinsame Perspektive, aus der auf die eigene Geschichte geblickt wird, kennzeichnet diese Gruppen und Gemeinschaften, hält sie zusammen und stiftet Identität. Hier wird Wahrheit, die nicht infrage zu stellen ist, vorausgesetzt. Wer sich vom Gruppenkonsens entfernt, löst sich bereits aus der Gruppe oder wird ausgestoßen. Letzteres gilt auch für das Verhalten zwischen den unterschiedlichen Konsensgemeinschaften unter Historikerinnen und Historikern.

7 Wahrheit in den Religionen

7.1 Wahrheit in den nichtchristlichen Weltreligionen

7.1.1 Die Hürde der Selbstbezüglichkeit

Sprechen wir als europäische Christen von »Wahrheit«, so gehen wir unbewusst von einer Variante des in der europäischen Kultur entstandenen Wahrheitsverständnisses aus. Für das, was Wahrheit objektiv und weltweit und zu allen Zeiten ist, kann es keinerlei Erkenntnis geben, denn »Wahrheit lässt sich nur definieren, wenn man Wahrheit schon versteht, wenn man in dem auf Wahrheit abzielenden Definitionsakt bereits mit Wahrheit operiert« (Gloy, 21). Diese Selbstbezüglichkeit im Sinne einer Zirkelargumentation ist unausweichlich und gilt für viele Grundbegriffe in Philosophie und Theologie. Es kann jedenfalls nicht vorausgesetzt werden, dass in allen Religionen ein Begriff anzutreffen ist, der dem entspricht, was wir Europäer unter Wahrheit verstehen. In den frühen und polytheistischen Religionen spielt Wahrheit in unserem Sinn allenfalls eine untergeordnete Rolle. In den Weltreligionen, die sich als Offenbarungsreligionen verstehen, nimmt Wahrheit – allerdings in der Färbung des jeweiligen Systems – eine zentrale Rolle ein, denn diese Religionen erheben für die eigene Religion einen Absolutheitsanspruch, der noch näher zu beschreiben sein wird.

7.1.2 Unterschiedliches Wahrheitsverständnis

In der jüdisch-christlichen Kultur ordnen wir den Begriff »Wahrheit« dem Bereich des Intellekts zu. Eine Aussage gilt als wahr, wenn sie mit dem Sachverhalt übereinstimmt. In diesem Verständnis ist Wahrheit an Aussagen gebunden, die an Tatbeständen überprüft werden können. Für dieses europäische Wahrheitsverständnis finden wir im Hinduismus, Buddhismus und

Islam (auf diese Religionen werden wir uns im Folgenden beschränken) keine Entsprechung.

Für die genannten Religionen ist die Wahrheitsfrage mit ihrem jeweiligen Verständnis von Wirklichkeit verbunden. Darauf weisen bereits die Wortstämme für jene Begriffe, die in den europäischen Sprachen mit »Wahrheit« übersetzt werden:

- Im **Hinduismus** das Sanskritwort *satya*. Dessen Wurzel *sat* bedeutet »*sein*«. »*Sat* bezeichnet das Echte und Ursprüngliche im Gegensatz zum Nachgemachten, das Bleibende im Unterschied zum Vergänglichen, die Substanz gegenüber dem Schein.« (Neill, 138)

- Im **Buddhismus** ist Wirklichkeit und damit das Wahre noch konsequenter als im Hinduismus auf das unsichtbare, nicht mehr sagbare Prinzip aller Dinge bezogen. Bereits der Versuch, das Wesen des Seins intellektuell zu verstehen, gehört zur Welt des Scheins und der Täuschung und verschleiert die wahre Wirklichkeit.

- Im **Islam** wird Gott als *al-Hakk* bezeichnet. Das arabische Wort *Hakk*, das in den europäischen Sprachen mit »Wahrheit« übersetzt wird, meint Gott als den schlechthin Wirklichen und Wahren, ja, als die Wahrheit. In diesem Bekenntnis zu Gott, dem schlechthin Wahren, drückt sich – abgesehen von der Überzeugung, dass die Satzaussage wahr ist – vor allem das Vertrauen zu dem allein Wahren aus. In den großen Weltreligionen bleibt die Wahrheit oder das Wahre eingebunden in das jeweilige höchste und letztgültige Sein.

7.1.3 Wahrheit und Heil

Wahrheit ist in den genannten Religionen kein Gegenstand der Reflexion und des Intellekts, sondern primär das Ziel eines Weges, das »Eingehen« in die Wahrheit als Heil des Menschen. Der Weg zum Heil wird durch das jeweilige Verständnis von

Wirklichkeit vorgegeben und durch die darin enthaltenen Mittel und Möglichkeiten eröffnet, dieses Heil zu erreichen.

Im **Hinduismus** ist alles Sichtbare und Vergängliche unwirklich, d. h. Täuschung (*maya*). Der Mensch ist als Teil dieser Welt dazu verdammt, in der Unwirklichkeit zu leben. Die Wirklichkeit verstehen heißt, alles, was existiert, als Einheit zu verstehen. Die menschliche Seele ist in einen Kreislauf der Geburten eingebunden, der kein Anfang und kein Ende hat. Das Heil des Menschen besteht darin, diesem Kreislauf der Geburten zu entkommen, d. h. sich vom individuellen Selbst (*atman*), dem Körper und seiner *maya*-Welt, zu lösen und im absoluten Selbst (*brahman*) aufzugehen, in dem alle Gegensätze von Gut und Böse, von Lebewesen und Dingen, von Mann und Frau überwunden sind. In einem Gebet aus den Upanischaden (800 v. Chr.) heißt es daher: »Leite mich vom Unwirklichen zum Wirklichen, leite mich von der Dunkelheit zum Licht; leite mich vom Tod zur Unsterblichkeit«. Das Heil besteht im Aufgehen des illusorischen individuellen Selbst in die wahre Wirklichkeit des absoluten Selbst, der Weltseele.

Eines der Mittel, dem ewigen Geburtenkreislauf zu entkommen, ist die *Karma*-Vorstellung. *Karma* (Sanskrit für: Werk/Tat) steht für die Überzeugung, dass jeder menschlichen Tat automatische Wirkungskraft für das künftige Lebensschicksal zukommt. Nach dieser Kausalität der Tat wird z. B. ein Golddieb als Ratte, ein Mörder als Tiger wiedergeboren.

Der **Buddhismus** kennt zwar auch das Rad der verschiedenen Daseinsformen. Diese aber werden vom buddhistischen Credo her interpretiert, wonach alles Dasein leidvoll ist. Im Unterschied zum Hinduismus geschieht Erlösung hier nicht als das Aufgehen des persönlichen Selbst im absoluten Selbst, sondern im Erlöschen des Daseinsdrangs, der Lebensgier, des selbstischen sinnlichen Begehrens und damit auch des Leidens. Im Sanskrit steht dafür das Wort *nirwana* (erlöschen, verwehen). Dieser Zustand der absoluten Leerheit kann bereits zu Lebzeiten erreicht werden, und zwar durch ethische Selbstdisziplin, wie sie im dreifachen buddhistischen Heilsweg, im »edlen achtfachen Pfad« vorgegeben und in den Tugendlehren vorgezeichnet sind.

Der **Islam** ist die jüngste unter den gegenwärtigen Weltreligionen. Im geschichtlichen Kontext von Judentum und Christentum glauben Muslime, dass sich der alleinige Gott in der Vergangenheit immer wieder durch Propheten (z. B. Mose, Jesus) mitgeteilt hat. Durch den Propheten Mohammed hat Gott dem Menschen zwar nicht sich, aber letztgültig seinen Willen mitgeteilt. Was Mohammed gehört hat, ist die authentische Willensbekundung Gottes, wie sie seit aller Ewigkeit und nun für alle Ewigkeit existiert. Die Schriften der Juden und Christen seien im Laufe der Zeit verfälscht und durch den Koran, den Mohammed in arabischer Sprache wörtlich empfing, überholt und ersetzt worden. Im Zentrum des islamischen Glaubens stehen die Bekenntnissätze: »Es gibt keinen Gott außer Allah und Mohammed ist sein Prophet«. Das ist der einzige dogmatische Grundpfeiler. Alle anderen Aussagen des Korans betreffen den Pflichtenkanon des Menschen nach dem Willen Allahs. Sie regeln in umfassender Weise den Willen Gottes in allen menschlichen Lebensbereichen, und zwar in der Familie und in allen Ebenen der Gemeinschaft, und sie legen fest, nach welchen Gesetzen zu wirtschaften und zu regieren ist. Dabei unterscheiden sie nicht zwischen heilig und weltlich, denn alles, was geschieht, ist dem offenbarten Willen Gottes unterworfen, dem auch der Mensch zu gehorchen hat. Zu den im Bekenntnis geforderten Pflichten des Einzelnen gehören das genau geregelte Gebet fünfmal täglich, das Almosengeben, das Fasten im Ramadan und die Pilgerfahrt nach Mekka. Mit der Scharia, dem von Gott gegebenen Gesetz im Mittelpunkt des menschlichen Lebens, ist der Islam eine Religion der Observanz. In dieser Observanz erfüllt sich das Heil des Menschen. Gehorsam ist der Weg zur Wahrheit. Sie führt ins Paradies, das realistisch mit den angenehmsten Bedingungen des irdischen Lebens dargestellt ist.

Der Religionswissenschaftler Hans Waldenfels fasst den Zusammenhang von Wahrheit und Heil so zusammen: »Übereinstimmend spricht in den verschiedenen Traditionen die Wahrheit vom Heil« (Waldenfels in: LR, 696). Im religiösen Bereich ist Wahrheit keine Aussage, die sich an einen Sachverhalt überprüfen lässt, sie ist auch kein Wissen, das man haben kann. Wahrheit ereignet sich, indem der Heilsweg der jeweiligen Religion gegangen wird.

7.1.4 Zu einem Dialog der Religionen

Angesichts der Wanderungsbewegungen und der Reibereien an den Berührungsstellen der Religionen wird von vielen Seiten ein Dialog der Religionen gefordert. Ein Dialog hat seit der griechischen Antike das Ziel, im Gespräch gleichberechtigter Partner eine gemeinsame Erkenntnis zu gewinnen oder etwas Strittiges zu klären. Im Dialog beansprucht kein Partner, die Wahrheit bereits zu haben und sie den anderen nur geschickt beizubringen. Denn Wahrheit – in welchem Sinn auch immer – soll ja gerade im Austausch der Argumente gesucht und als Übereinkunft erst gefunden werden.

Ein interreligiöses Gespräch wird von anderen Voraussetzungen her geführt. Jede Religion denkt und argumentiert im eigenen Weltverständnis und von der darin enthaltenen eigenen Wahrheit her. In der nicht verhandelbaren Grundwahrheit jeder Weltreligion liegt bereits ihr Absolutheitsanspruch. Die Wahrheit der anderen wird selbstverständlich am eigenen Welt- und Menschenverständnis gemessen, das nicht infrage stehen kann, weil man ja sonst seine Religion bereits verlassen hätte.

Für einen **Hindu** ist nicht verhandelbar,

- dass Weltzeitalter in einem zyklischen Prozess entstehen und vergehen,
- dass die materielle Welt nur Schein (*maya*) ist,

- dass alle Menschen in einen ewigen Geburtenkreislauf eingebunden sind,
- dass das Heil des Menschen darin liegt, diesem Kreislauf zu entkommen, indem er sein individuelles *maya*-Selbst in das absolute Selbst (die Weltseele) hineingibt.

Für einen **Buddhisten** ist nicht verhandelbar,

- dass alles Dasein leidvoll ist,
- dass meine Daseinsformen und mein Schicksal im folgenden Leben von meinen Taten in diesem Leben bestimmt sind,
- dass die Erlösung aus dem Rad der Wiedergeburt im Verlöschen alles irdisch Persönlichen und im Aufgehen in der unpersönlichen letzten Wirklichkeit des *nirwana* liegt.

Für einen **Muslim** steht unverhandelbar fest,

- dass jeder Mensch dem Weltgericht entgegen geht, das für die einen in die ewigen Qualen des Höllenfeuers und für die anderen in die ewigen Freuden des Paradieses führt,
- dass das Paradies dem verheißen ist, der in seinem Leben gehorsam das ausführt, was der im Koran formulierte Wille Allahs vom Menschen fordert.

Bei einem Dialog der Religionen kann es kaum darum gehen, eine allen Religionen gemeinsame Wahrheit zu ermitteln. Ein interreligiöser Dialog kann allenfalls das Ziel haben, sich gegenseitig verständlich zu machen und Wege zu suchen, wie wir bei aller Verschiedenheit unseres Verstehens von Welt und seinen sprachlichen Ausdrucksformen in unserer gemeinsamen Welt friedlich miteinander leben können.

Im Gespräch mit Hindus und Buddhisten können Christinnen und Christen lernen, dass lebendige Religiosität nicht den

Glauben an einen persönlichen Gott voraussetzt, was Christen traditionellerweise gern unterstellen, und den Gottesglauben zum Prüfstein für Glaube und Unglaube machen. Auch letzte Wahrheiten und Absolutheitsansprüche hängen nicht am Gottesglauben, sondern können aus jedem Weltverständnis hergeleitet werden, das sich seiner historischen und kulturellen Gebundenheit und Perspektivität nicht zureichend bewusst ist.

Der Theologe und Religionswissenschaftler Reinhold Bernhardt schlägt vor, auf drei unterschiedliche Formen des Absolutheitsanspruchs zu achten.

– Ein **exklusiver Absolutheitsanspruch** sagt lediglich, dass allein die Wahrheit der eigenen Religion gilt. Die anderen liegen mit ihren Wahrheiten falsch oder die Wahrheiten sind unvollständig.
– Ein **universaler Absolutheitsanspruch** behauptet, dass die Wahrheit der eigenen Religion für alle Menschen gilt.
– Ein **finaler Absolutheitsanspruch** ist der Meinung, dass die Wahrheit der eigenen Religion unüberholbar für alle Zeiten und für alle Menschen gilt, also letztgültig ist.

Für ein interreligiöses Gespräch mit Bodenhaftung wird es gut sein, sich von Luther daran erinnern zu lassen, dass man seinen Glauben als *opus dei* (Werk Gottes) verstehen kann, dass aber jede Form von Religion ein *opus hominum* (Werk des Menschen) ist. Die nicht hintergehbare Historizität aller menschlichen Ausdrucksformen schließt jegliche Art von Absolutheitsanspruch aus.

7.2. Wahrheit im historischen Christentum

7.2.1. Die Wurzeln des christlichen Wahrheitsverständnisses

Der christliche Glaube hat kein eigenständiges Wahrheitsverständnis hervorgebracht. Er hat die im Alten Testament und in der hellenistischen Welt vorgefundenen Verständnisse aufgenommen und in sein Verständnis von Jesus integriert.

Das Hebräische kennt kein eigenes Wort für Wahrheit. In der Septuaginta (der im 3. Jahrhundert v. Chr. begonnenen Übersetzung der hebräischen Bibel ins Griechische) wurden vor allem die hebräischen Substantive *'ämät* und *'ämuná* mit »Wahrheit« wiedergegeben. Beide sind von der Wurzel *amán* abgeleitet, die »fest, sicher, zuverlässig sein« bedeutet. Auf Personen bezogen meinen diese Begriffe so viel wie »Festigkeit, Treue, Aufrichtigkeit und Verlässlichkeit«. Im Blick auf Gott bezeichnen sie jene Treue und Zuverlässigkeit, die Gott in der Geschichte seinem Volk erwiesen hat. »Wenn auch das Alte Testament gewiss in keiner Weise über Gottes An-sich-Sein spekuliert, so darf doch der Satz gewagt werden, dass *'ämuná* [und *'ämät*, H. F.] zum Wesen Gottes gehört« (Wildberger in: ThHwAT I, 199). Der alttestamentliche Wahrheitsbegriff ist also fest mit jener in der Geschichte erfahrenen und für die Zukunft erhofften Treue und Zuverlässigkeit Gottes verbunden. Der Gegensatz zu diesem alttestamentlichen Wahrheitsverständnis wäre also nicht die Unwahrheit oder die Täuschung, sondern die Enttäuschung. Eine so verstandene Wahrheit gründet im Vertrauen auf die Treue Gottes, richtet sich demnach auf die Zukunft.

Die *'ämät*, die Gott seinem Volk schenkt, fordert umgekehrt die *'ämät* des Volkes, die sich im Halten der Gebote zu bewähren hat.*'ämät* im Sinne von Treue und Wahrheit kann zwar mit Worten bekannt werden, muss aber vor allem getan werden. Dieses Verständnis von Wahrheit steht hinter den Bitten von Psalm 25,5: »Leite mich in deiner Wahrheit« und vom Psalm 86,11: »Weise mir, HERR, deinen Weg, dass ich in deiner Wahrheit gehe«.

Der Alttestamentler Klaus Koch hat darauf hingewiesen, dass das handlungsbezogene Wahrheitsverständnis des Alten Testaments schon in vorchristlicher Zeit vom intellektuellen griechischen Wahrheitsbegriff vereinnahmt und verändert worden ist.

Diese Veränderung vollzog sich über die Brücke der Septuaginta, die für die griechisch sprechenden Juden in den Metropolen der Alten Welt an die Stelle der hebräischen Bibel getreten war. Die Septuaginta ist keine wörtliche Übersetzung des hebräischen Textes, sondern eher eine Übertragung in die griechisch-hellenistische Sprach- und Denkwelt. An Satzvergleichen zwischen Hebräischer Bibel und Septuaginta lässt sich die Umgestaltung des Wahrheitsverständnisses vom hebräischen in das griechische Denken veranschaulichen. In der Namensmitteilung Jahwes heißt es im hebräischen Text (Ex 3,14): »Ich werde sein, der ich sein werde.« Das ist nicht philosophisch als eine ontologische Wesensaussage über Gott zu verstehen, sondern als eine Zusage an Israel. Darauf weist der vorangehende Satz in Ex 3,12 hin: »Ich werde mit dir sein.« Für Israels Gottesverständnis heißt das: »Das ›Sein‹ Jahwes ist ein hilfreiches, heilbringendes Für-Israel-Sein« (Kraus, 39). Die Septuaginta übersetzt Ex 3,14: »Ich bin der [wahrhaft] Seiende.« (*Ego eimi ho ōn*) Mit dieser Transformation in die griechische Sprach- und Denkwelt ist aus dem *personhaft seienden Gott*, auf dessen wahre Treue (*'ämät*) sich Israel allezeit existenziell verlassen kann, das *unpersonale wahrhaft Seiende* geworden, das im ontologischen und metaphysischen Sinn geschichtslos existiert.

In Psalm 26,3 bekennt der Beter: »In deiner Wahrheit [*'ämät*] bin ich meinen Weg gegangen.« Das heißt: Ich habe mich in deine 'ämät hineingegeben und aus deinem Geist gehandelt. Die Septuaginta übersetzt: »Ich fand Wohlgefallen an deiner Wahrheit [*alētheia*].« Hier wird im griechischen Sinn Wahrheit als eine geschichtslose, absolute und für sich existierende Größe verstanden, die man als Erkenntnis haben und zu der man sich (mit Wohlgefallen oder auch anders) verhalten kann. Das hebräische Verständnis von Wahrheit als ein personal vertrauensvolles, geschichtlich konkretes Handeln aus dem Geiste Gottes wird in der Septuaginta zu einer statisch überzeitlichen, d. h. zu einer ontologischen Größe. Der Alttestamentler Klaus Koch hebt an diesem und anderen Beispielen hervor, dass sich in ihnen jener gewaltige geistige Umbruch abzeichnet, »durch den in den folgenden Jahrhunderten das hebräische Geschichtsdenken in griechische Metaphysik umgesetzt wurde« (Koch, 61). Vorausblickend deutet er an: »Der Streit um die Wahrheit in der abendländischen Geistesgeschichte ist Jahrhunderte hindurch ein Streit auf dem Boden jenes Wahrheitsbegriffs, den die Septuaginta angebahnt hat.« (Koch, 63)

7.2.2 Wahrheit in den neutestamentlichen Texten

Ein Blick in die Konkordanz zeigt: »Der Begriff ›Wahrheit‹ war kein Thema der Verkündigung des synoptischen und wohl auch nicht des historischen Jesus« (Hübner in EWbNT, I, 141). Nach den ersten drei Evangelien hat Jesus von Nazaret von Wahrheit nicht geredet. Er war kein Philosoph und er hat weder über das Wesen Gottes noch über eine göttliche Wahrheit spekuliert. Er hat nach jüdischem Wahrheitsverständnis aus dem Geist Gottes gelebt und gewirkt.

Der auch griechisch sprechende und hellenistisch gebildete Apostel Paulus verwendete das Wort »Wahrheit«, aber nur im Sinne von »Wahrhaftigkeit«.

Im Johannes-Evangelium wird »Wahrheit« zu einem zentralen Schlüsselbegriff der Verkündigung. Johannes verfasste das jüngste der Evangelien und er richtete es an Menschen in einem anders geprägten geistigen Umfeld. Er tat das, was gute Prediger zu allen Zeiten getan haben und übersetzte die überlieferte Botschaft Jesu aus der jüdischen Kultur in die Sprache und in den geistigen Horizont seiner Leserinnen und Leser, wer auch immer diese waren (Gnostiker, Essener oder Hellenisten). Jedenfalls waren es Menschen, in deren Denken der Zusammenhang von Wahrheit und Freiheit eine wichtige Rolle spielte. In der hellenistischen Welt galt es als höchstes Ideal, die absolute Wahrheit zu erkennen. Für die hellenistische Philosophie jener Zeit galt es als selbstverständlich, dass die Kenntnis der Wahrheit frei macht.

Das Wort »Wahrheit« bildete für Johannes die Brücke, über die er seinen Adressaten die Botschaft Jesu in deren gewohnten Denkmustern aufzuschließen suchte. Johannes bestätigte aber nicht das hellenistische auf Erkenntnis gerichtete Wahrheitsverständnis. Er vermittelte Wahrheit (jüdischem Verständnis gemäß) als ein Ereignis, das an der Person Jesu erfahrbar geworden war. »Die Wahrheit ist durch Jesus Christus *geworden*« (Joh 1,17), und zwar nicht als philosophisches Wissen, sondern als existenzielle Kunde von dem Gott, der sich in Jesus Christus kundgetan hat. Nach Johannes teilte Jesus nicht eine absolute Wahrheit mit, sondern bezeugte und vergegenwärtigte eine Wahrheit, die sich nur dem erschließt, der sie lebt. Die Wahrheit, die er bringt, erkennt man nicht, indem man sie zur Kenntnis nimmt und dann weiß, sondern indem man sich in sie hineingibt, sich ihr anvertraut und sie tut. Johannes kann dieses Wahrheitsverständnis in das Jesus-Wort umsetzen: »Ich bin der Weg und die Wahrheit und das Leben« (Joh 14,6) oder »Ich bin das Licht der Welt« (Joh 8,12) oder »Ich und der Vater sind eins« (Joh 10,30). Nach Johannes gilt nicht eine Wahrheit *über* Gott und das menschliche Leben, sondern ein Leben *aus* jener Wahrheit, die Jesus verkörpert. Die Wahrheit, die in Jesus aufscheint, erschließt und bestätigt sich nur dem, der sie selbst wagt und dabei erfährt, dass sie trägt.

Der gedankliche Hintergrund für dieses Wahrheitsverständnis ist die philosophisch begründete Vorstellung, dass Jesus jener Logos ist, der von Uranfang an bei Gott war und daher mit Gott wesensgleich ist. So kann der johanneische Jesus sagen: »Wer mich gesehen hat, hat den Vater gesehen« (Joh 14,9). Mehr noch: Der Zugang zum wahrhaftigen Gott wird exklusiv an die Person Jesu gebunden: »Niemand kommt zum Vater, es sei denn durch mich« (Joh 14,6b).

7.2.3 Wahrheit in der frühen Kirche

Im 2. und 3. Jahrhundert bemühten sich die Apologeten (Verteidiger des christlichen Glaubens) der hellenistischen Welt, den christlichen Glauben als die wahre Philosophie darzustellen. Dafür bedienten sie sich der philosophischen Denkformen, die den Gebildeten ihrer Zeit vertraut waren. Als besonders hilfreich erwies sich das Wahrheitsverständnis des griechischen Philosophen Plotin (205–270), der Wahrheit und Sein identifizierte und im göttlichen *noūs* (Vernunft) verankerte (vgl. Kapitel 2.1.1). Über diese Brücke des göttlichen *noūs* konnte auch der menschliche *noūs,* der am göttlichen partizipierte, Zugang zur göttlichen Wahrheit haben. Damit war das handlungsbezogene Wahrheitsverständnis der jüdisch-urchristlichen Welt in das ontologische Wahrheitsverständnis der hellenistischen Kultur umgebildet worden. Zu bemerken bleibt, dass die altkirchlichen Glaubensbekenntnisse (von Nicäa 325, Konstantinopel 381 und Chalcedon 451) »Symbole« genannt und nicht als Dogmen im Sinne von göttlichen Wahrheiten verstanden wurden.

7.2.4 Wahrheit in der mittelalterlichen Kirche

Die bereits vielfach verschränkten theologischen und philosophischen Gedankengänge der frühen Kirche und des Mittelalters wurden erst durch Thomas von Aquin (1224/25–1274) konsequent systematisiert und gegliedert. Er definierte die Wahrheit als die göttliche Wahrheit, d. h. als Gott. Die Quelle aller Wahrheit liegt in der göttlichen Vernunft. Daher galt ihm diese als die erste und höchste Wahrheit (»prima et summa veritas«). Die menschliche Vernunft ist Abbild der göttlichen Vernunft und kann daher die Wahrheit der göttlichen Vernunft erfassen.

7.3 Wahrheit nach römisch-katholischer Lehre

Die römisch-katholische Kirche legte ihr Wahrheitsverständnis erst im 19. Jahrhundert im Anschluss an Thomas von Aquin in neuscholastischen Kategorien fest. Das Erste Vatikanische Konzil von 1870 erklärte in der Dogmatischen Konstitution »Dei Filius«, Artikel IV, es gäbe zwei Erkenntnisordnungen, nämlich die der Vernunft und die des Glaubens. In der einen Ordnung erkennen wir mit der natürlichen Vernunft, in der anderen mit dem Glauben, und zwar jene in Gott verborgenen Geheimnisse, »die, wenn sie nicht von Gott offenbart wären, nicht bekannt werden könnten« (D 3015). Da beide Erkenntnisordnungen ihren Ursprung in demselben Gott haben, kann die natürliche Vernunft den einen und wahren Gott erkennen, bleibt aber der Wahrheit in Gott völlig unterworfen. Die Erkenntnisse der Vernunft und des Glaubens können einander nie widersprechen, »denn derselbe Gott, der die Geheimnisse offenbart und den Glauben eingießt, hat in den menschlichen Geist das Licht der Vernunft gelegt« (D 3017). Die Gläubigen sind verpflichtet, Meinungen, die der Lehre des Glaubens nicht entsprechen, für Irrtümer zu halten (D 3018). Im Zweiten Vatikanischen Konzil macht sich die Kirche mit der Pastoralkonstitution »Gaudium et spes« von 1965 die Lehre des Ersten Vatikanischen Konzils von den zwei verschiedenen Erkenntnisordnungen zu eigen (GS 59) und bindet die dem Glauben offenbarte Wahrheit an Christus: »Die Tiefe der durch diese Offenbarung über Gott und über das Heil der Menschen erschlossenen Wahrheit leuchtet uns auf in Christus, der zugleich der Mittler und die Fülle der ganzen Offenbarung ist.« (DV 2) Diese Wahrheit wurde von den Aposteln und wird in deren Nachfolge von den Bischöfen bewahrt, »die mit der Nachfolge im Bischofsamt das sichere Charisma der Wahrheit empfangen haben« (DV 8). »Die Aufgabe aber, das geschriebene oder überlieferte Wort Gottes verbindlich zu erklären, ist nur dem lebendigen Lehramt der Kirche anvertraut.« (DV 10) Gegenüber der vom kirchlichen Lehramt formulierten Wahrheit gilt ungebrochen, was bereits 1870 vom Ersten Vatikanischen Konzil festgelegt wurde: »Mit göttlichem und katholischem Glauben ist all das zu glauben, was [...] von der

Kirche [dem Lehramt] als von Gott geoffenbart zu glauben vorgelegt wird« (D 3011).

Als Bestätigung der thomistischen Basis der beiden Konzile formulierte Papst Johannes Paul II. 1998 in seiner Enzyklika »Fides et ratio« (FR) bereits den Eingangssatz: »Glaube und Vernunft sind wie die beiden Flügel, mit denen sich der menschliche Geist zur Betrachtung der Wahrheit erhebt.« Für die menschliche Vernunft gilt es, die ontologisch vorgegebene Wahrheit zu suchen und zu erkennen, denn »an die Möglichkeit des Erkennens einer allgemein gültigen Wahrheit zu glauben [...] ist die notwendige Voraussetzung für einen ehrlichen und glaubwürdigen Dialog der Menschen untereinander« (FR 92). Das kann aber nur gelingen, »indem wir jenen Pfaden folgen, die allein der Geist des auferstandenen Herrn kennt« (ebd.). Die Erkenntnis der ganzen Wahrheit ist nur über die der Vernunft übergeordneten Erkenntnisordnung des Glaubens zu gewinnen. Es geht dabei immer um eine Sachwahrheit *über* Gott, *über* dessen Geheimnisse und *über* die eine und unveränderliche Wahrheit. Das Lob der Philosophie des Seins, »welche die Wirklichkeit in ihren ontologischen, kausalen und kommunikativen Strukturen sieht« (FR 97), bekräftigt, dass die römisch-katholische Kirche ihr Wahrheitsverständnis an das ontologische Konzept der griechischen Philosophie gekoppelt hat und deshalb alle erkenntniskritischen Erwägungen und Einsichten der neuzeitlichen Philosophie, Sprachforschung und Naturwissenschaft, die diesem Konzept nicht entsprechen, als zu verurteilende Irrtümer der menschlichen Vernunft erklärt und zurückweist.

Die theologische Arbeit hat stets unter Aufsicht des kirchlichen Lehramtes zu geschehen. Jeder, der ein kirchliches Amt antritt, hat einen »Glaubenseid« (*Confessio fidei*) abzulegen. Der seit 1985 geltenden Grundformel der *Confessio fidei* (AAS 81/1989, 104–106) sind 1998 mit dem Apostolischen Schreiben »Ad tuendam fidem« von Papst Johannes Paul II. präzisierende Zusätze angefügt worden, und zwar mit der Begründung: »Zum

Schutz des Glaubens der katholischen Kirche gegenüber den Irrtümern, die bei einigen Gläubigen auftreten, insbesondere bei denen, die sich mit den Disziplinen der Theologie beschäftigen, schien es uns [...] unbedingt notwendig, in die geltenden Texte [...] Normen einzufügen, durch die ausdrücklich die Pflicht auferlegt wird, die vom Lehramt der Kirche in endgültiger Weise vorgelegten Wahrheiten zu beachten.«

Der erste dem Glaubenseid hinzugefügte Absatz lautet: »Fest glaube ich auch alles, was im geschriebenen oder überlieferten Wort Gottes enthalten ist und von der Kirche als von Gott offenbart zu glauben vorgelegt wird, sei es durch feierliches Urteil, sei es durch das ordentliche und allgemeine Lehramt.« (AAS 82/ 1990, 1556) Der dritte hinzugefügte Absatz lautet: »Außerdem hange ich mit religiösem Gehorsam des Willens und des Verstandes den Lehren an, die der Papst oder das Bischofskollegium vorlegen, wenn sie ihr authentisches Lehramt ausüben, auch wenn sie nicht beabsichtigen, diese in einem endgültigen Akt zu verkündigen.« (AAS 82/1990,1557) Hier ergänzt das kanonische Recht: »Daher widersetzt sich der Lehre der katholischen Kirche, wer diese als endgültig zu haltende Sätze ablehnt« (CIC can 750).

Die Weichen für das heute in der römisch-katholischen Kirche geltende Wahrheitsverständnis wurden bereits in den ersten Jahrhunderten gestellt, als das ontologische Wahrheitsverständnis des Neuplatonismus das existenzielle Verständnis der Wahrheit als Wagnis einer Lebenshaltung überlagerte und schließlich dominierte. Thomas von Aquin hat die ursprünglich in der menschlichen Vernunft verankerte ontologische Wahrheitserkenntnis in ihrer philosophischen Reichweite begrenzt, hat aber das ontologische Denkmodell beibehalten. Der Erkenntnis der Vernunft hat er die Erkenntnis des Glaubens vorgeordnet und damit übergeordnet. Nur die Erkenntnis des Glaubens verfügt über die absolut göttliche Wahrheit und kann der menschlichen Vernunft die Richtung weisen. Die göttliche Wahrheit wurde nach diesem Modell der Kirche als ein Schatz anvertraut. Seit 1870 wird dieser Schatz der göttlichen Wahrheit offiziell vom kirchlichen Lehramt gehütet, verwaltet und ausgebaut. Dieses Lehramt in der Gestalt des jeweiligen Papstes versteht das ontologische Wahrheitsmodell in der Fassung der zwei Erkenntnisordnungen als göttliche Wahrheit und sieht sich in der Rolle, universal und letztgültig darüber zu verfügen, was als wahr und was als Irrtum und Täuschung zu gelten hat.

Aus dem ontologischen Wahrheitsverständnis der römischkatholischen Kirche folgt, dass der christliche Glaube als ein Akt kognitiver Zustimmung zu den von der Kirche verwalteten göttlichen Wahrheiten verstanden werden muss.

7.4 Wahrheit nach reformatorischem Verständnis

Die Reformatoren haben das ontologische Wahrheitsverständnis ihrer Zeit nicht generell hinter sich gelassen. Aber in Luthers geistiger Herkunft aus der nominalistischen Tradition war bereits eine grundsätzliche Distanz zu der platonischen Vorstellung gegeben, nach der sich in den realen Dingen die ihnen vorausgehende Idee verwirklicht. Erkenntnis ist nach nominalistischer Tradition in erster Linie Erfahrung, die aus individuellen Gegenständen gewonnen wird, nicht aus Ideen oder Begriffen. Als Wahrheit des christlichen Glaubens verstand er nicht mehr ein kirchlich garantiertes und besitzbares Glaubenswissen über Gott, sondern das in unserer Lebenswelt gewagte Vertrauen in jene Liebe, als die sich Gott in Jesus gezeigt hat und die erfahren kann, wer sich ihr anvertraut. Das hat Luther im Großen Katechismus (1529) zum ersten Gebot in eindrucksvoll einfacher Weise so ausgedrückt: »Ein Gott heißet das, dazu man sich versehen soll, alles Guten Zuflucht zu haben in allen Nöten. Also dass ein Gott haben nichts anderes ist, denn ihm von Herzen *trauen* und gläuben.« (BslK, 560) Das kann man mit der Kirchenhistorikerin Athina Lexutt (Lexutt, 112) bildlich als

»Umschlag von der vertikalen in die horizontale Dimension« veranschaulichen und inhaltlich als die Wende von der ontologischen Wissenswahrheit zur existenziellen Beziehungwahrheit bezeichnen. In diesem Sinne hat Luther auch Schriftauslegung nicht als ein Herausfiltern von göttlichen Wahrheiten aus den biblischen Texten verstanden, sondern als »Selbstauslegung des Menschen im Horizont des Wortes Gottes« (Kaufmann, 63). Die Reformatoren holten die christliche Wahrheit aus der geschichtslosen Metaphysik des Jenseitigen in die erfahrbare Lebenswirklichkeit unserer Welt und Zeit zurück. Aus dem »Glauben, dass« (*belief*) wird ein »Vertrauen auf« (*faith*).

Die protestantischen Kirchen kennen deshalb keine letztgültigen und durch irgendeine Autorität verbürgten Lehrwahrheiten. Die lutherischen Kirchen formulierten ihren Konsens im Augsburger Bekenntnis von 1530 und in weiteren Bekenntnisschriften, die schon wegen ihrer reichsrechtlichen Funktion auch rechtsverbindliche Lehrinhalte enthalten mussten. Die Bekenntnisse der reformierten Kirchen verstehen sich in keiner Weise als zeitlose Glaubensdekrete, sondern als Referenztexte, die in bestimmten Situationen Bezugspunkte formulieren, und zwar dann, wenn der Glaube infrage gestellt oder durch Ideologien bedroht wird (z. B. die Theologische Erklärung von Barmen 1934). Diese Bekenntnisse sprechen die Sprache der Zeit, in der sie notwendig geworden sind. »Reformiertes Bekennen ist immer eine freiwillige und durchgesprochene Abmachung auf Zeit.« (RB, 11). In der Leuenberger Konkordie (LK) von 1973, der sich inzwischen weit über 100 reformierte, unierte und lutherische Kirchen angeschlossen und seit 2003 zur »Gemeinschaft Evangelischer Kirchen in Europa« zusammengeschlossen haben, erklären diese Kirchen ihre Kirchengemeinschaft. Sie haben »gelernt, das grundlegende Zeugnis der reformatorischen Bekenntnisse von ihrer geschichtlich bedingten Denkform zu unterscheiden« (LK, Nr. 5). »Die dieser Gemeinschaft seit dem 16. Jahrhundert entgegenstehenden Trennungen sind aufgehoben« (LK, Nr. 34). Es war ein langer Weg bis zu der Einsicht, dass alle Ausdrucksformen christlichen Glaubens eben nur zeitgebundene Ausdrucksformen sind und nicht mit dem darin artikuliertem Gehalt verwechselt oder gleichgesetzt werden dürfen. Die Konsequenzen aus dieser Einsicht sind in entscheidenden Bereichen der Theologie erst noch zu ziehen!

Bernhard Lohse hat darauf hingewiesen, dass »Luther – in der Geschichte wohl als erster – einen Blick dafür gehabt hat, dass die Glaubenswahrheiten je geschichtlich formuliert worden sind und darum nur geschichtlich verstanden werden können«. Er hat zudem »den Auslegungsgrundsatz aufgestellt, dass jedes Verstehen geschichtlich bedingt ist und letztlich nur aus innerer Betroffenheit von der Sache her, um die es in der Schrift geht, stattfinden kann« (beides: Lohse, 129).

Mit der geschichtlichen Person Jesu hat christliche Wahrheit von Beginn an geschichtlichen Charakter und bleibt an geschichtliche Ausdrucksformen gebunden. Alle Versuche, die in der Person Jesu aufscheinende Wahrheit zu verstehen, zu interpretieren und zu leben, vollziehen sich selbst wieder aus den Sichtweisen historisch bedingter Perspektiven (vgl. 6.3). Das gilt bereits für die Texte des Neues Testament und für alle weiteren Ausformungen in Lehren und Bekenntnissen. Nach protestantischem Verständnis muss die Wahrheitsfrage des christlichen Glaubens im jeweiligen historischen Horizont der Zeit verhandelt und geklärt werden. Da christliche Wahrheit unvermeidbar perspektivischen Charakter hat, musste und muss sie zu jeder Zeit neu und aktuell ins Gespräch kommen. Die zurückliegende Auseinandersetzung mit den philosophischen und naturwissenschaftlichen Wahrheitstheorien muss hier nicht nachgezeichnet werden.

7.4.1 Existenzwahrheit und unterschiedliche Wahrheitstheorien

Für die gegenwärtige Gesprächslage hat bereits Paul Tillich klargestellt, dass die Wahrheit der Philosophie, die Wahrheit der

Wissenschaften und die Wahrheit der Religionen unterschiedlichen Dimensionen angehören und daher weder miteinander in Konflikt geraten noch in Konkurrenz treten können (Tillich, 88–114). Die Wahrheiten dieser Disziplinen beziehen sich auf unterschiedliche Bereiche von Wirklichkeit und auf unterschiedliche Verständnisse von Wirklichkeit.

Eine an Jesus orientierte Wahrheit setzt wohl auch Kenntnisse voraus, bezieht sich aber nicht auf ein Kenntniswissen. Christliche Wahrheit ist kein *Haben*, sondern ein *Werden*. Sie ist nicht in Sätzen festzumachen, sondern nur zu gewinnen, indem man selbst den Weg jener Liebe riskiert, der uns in der Person und im Wirken Jesu eröffnet worden ist. Jede authentische sprachliche Ausdrucksform der darin gewonnenen Lebenswirklichkeit ist ein persönliches Zeugnis für das, was in traditioneller Sprache »Reich Gottes«, »Gott« oder »Gotteswirklichkeit« genannt wird. Da diese Wahrheit nur im Gehen eines Weges zu erfahren ist, kann man sie – im Gegensatz zu jeder Wissenswahrheit – als eine Existenzwahrheit charakterisieren. Paul Tillich hat diese Existenzwahrheit umschrieben als »das, was uns unbedingt angeht«. Bertolt Brecht verdeutlicht es so: »Einer fragte Herrn K., ob es einen Gott gäbe. Herr K. sagte: ›Ich rate dir nachzudenken, ob dein Verhalten je nach der Antwort auf diese Frage sich ändern würde. Würde es sich nicht ändern, dann können wir die Frage fallen lassen‹.« (Brecht, 104) Damit ist der Unterschied und der Gegensatz zwischen gewusster und existenzieller Wahrheit treffend gekennzeichnet.

Die Worte »wahr« und »Wahrheit« bleiben auch in ihrem religiösen Gebrauch Begriffe unserer Sprach- und Kulturgemeinschaft. Deshalb muss sich mindestens die christliche Theologie mit der Frage auseinandersetzen, in welchem Verhältnis die Existenzwahrheit zu den gegenwärtigen erkenntnistheoretischen Wahrheitsmodellen (vgl. 2.3.3) steht. Nach der **Korrespondenztheorie** entscheidet der Verstand über den Ort der

Wahrheit. Wahrheit gilt hier als *erkannte* Wahrheit. Sie muss sich in der Form eines Satzurteils aussprechen lassen. Die Aussage einer Erkenntniswahrheit gilt nur dann als erfüllt, wenn die Aussage nachprüfbar mit dem Sachverhalt übereinstimmt, von dem sie redet. Abgesehen von den vielen möglichen Bedeutungen die man dem Wort »übereinstimmen« geben kann, ist nicht zu beantworten, wie bei einer Existenzwahrheit, die sich ja auf keinen gegenständlichen Sachverhalt bezieht, eine Übereinstimmung mit einem Sachverhalt nachprüfbar festgestellt werden könnte. Die Existenzwahrheit ist im Korrespondenzmodell nicht zu erfassen, weil die beiden Wahrheitsverständnisse nicht kompatibel sind.

Die **Kohärenztheorie** hat erkannt, dass man in der Lage sein müsste, eine Position jenseits der eigenen Sprache und des eigenen Erkennens einzunehmen, um eine Übereinstimmung zwischen der Aussage und dem darin benannten Sachverhalt feststellen zu können. Das aber ist nicht möglich. Wahrheit bleibt auf Aussagen beschränkt, die sich widerspruchslos in jene Systeme oder Paradigmen einfügen, in denen sie formuliert werden. Sie ist daher systemimmanent zu verstehen. Die Art, die Axiome und die Regeln des Systems spielen keine Rolle. So kann im ontologisch angelegten Lehrsystem der römisch-katholischen Kirche ein Beweis der Existenz Gottes als wahr gelten, während eine Existenz Gottes im naturwissenschaftlichen Denkmodell weder bestritten noch bestätigt werden kann. Im protestantischen Verständnis der Existenzwahrheit liegen alle *Be*weise Gottes außerhalb dessen, was sich dem als Gotteswirklichkeit *er*weisen kann, der dem von Jesus eröffneten Weg der Liebe selbst geht. Die Kohärenztheorie macht immerhin deutlich, dass Wahrheitsaussagen nur systemimmanent sinnvoll, verständlich und möglich sind. Religiöse Aussagen dürfen zudem nicht gegenständlich verstanden werden.

Die **Konsenstheorie** präzisiert die Kohärenztheorie. Sie macht damit ernst, dass geistige Systeme nicht an sich und geschichtslos existieren, sondern in einer fragenden, suchenden und gestaltenden Gemeinschaft durch Konsens der Beteiligten geworden sind. Ein so gewordenes System kann systemimmanent festsetzen, was darin als Wahrheit gelten soll. Es kann außerdem durch neue Erkenntnisse und eine neue Konsensbildung als ganzes überholt und durch ein neues System ersetzt werden. Die Konsenstheorie macht die historische Bedingtheit aller Systeme und ihrer Wahrheitsverständnisse bewusst.

Für religiöse Aussagen wirft das die Frage auf, wie in der jeweiligen Kommunikations- oder Erzählgemeinschaft die Konsensbildung zustande kommt und welche »Instanzen« daran beteiligt sind. Die Antworten werden in papal, synodal, kongregational oder presbyterial organisierten Kirchen unterschiedlich ausfallen.

In den christlichen Kirchen ist unstreitig, dass religiöse Aussagen inhaltlich auf Jesus von Nazaret bezogen und in ihm begründet sind. Die Interpretation der in Jesus erfahrbar gewordenen Wirklichkeit vollzieht sich freilich in den genannten Kirchentypen nach den dort geltenden Regeln der Konsensbildung. Das führt zu unterschiedlichen Ausdrucksformen.

Im Gespräch der christlichen Kirchen über den Kern der Botschaft Jesu ist die Wahrheitsfrage nicht hilfreich, sondern eher irreführend. Der Begriff »Wahrheit« im philosophischen wie auch im allgemeinen Verständnis suggeriert, dass auch religiöse Aussagen sich auf Gegenständliches beziehen und ein Gegenstandswissen vermitteln. Damit wird der Glaubensaussage gerade das Entscheidende und Spezifische genommen, nämlich, dass sie als existenzielle Gewissheit eine erfahrene Lebenswirklichkeit benennt, die als *Er*kenntnis nur in der Gestalt eines persönlichen *Bekenntnisses* sagbar ist. Die sprachlichen Äußerungen zu existenziellen Gewissheiten sind keine Aussagen zu überprüfbaren Sachverhalten, sie sind Interpretationen, die ihre sprachlichen Ausdrucksformen dem Fundus der jeweiligen Sprach- und Deutungsgemeinschaft entnehmen. Diese geben ihren Sinn nur im Kontext jenes Systems frei, dem sie entstammen. Das setzt einem ökumenischen Gespräch über Wahrheitsfragen enge Grenzen, denn Bekenntnisaussagen unterschiedlicher konfessioneller Systeme können nicht zu überprüfbaren Faktenaussagen erhoben und dann aus einer neutralen Beobachterperspektive verhandelt werden. Interreligiöse Gespräche über eine letztgültige religiöse Wahrheit können über einen Vergleich der jeweils zugrunde liegenden Wirklichkeitsverständnisse kaum hinauskommen, weil das Verständnis von religiöser Wahrheit in das jeweilige Weltverständnis eingebunden bleibt und nur darin plausibel ist.

7.5 Die *eine* Wahrheit?

Die *eine* Wahrheit lässt sich gedanklich postulieren und denken. Das ist von vielen Positionen her auch geschehen und geschieht noch. Nur, aus einem gedachten Taler ist – wie schon Kant nüchtern feststellte – noch niemals ein wirklicher Taler geworden, mit dem man eine Rechnung hätte bezahlen können.

7.5.1 Die *eine* Wahrheit in den vielen Religionen?

Jede Religion ist geschichtlich geworden, geschichtlich ausgeformt und geschichtlich gelebt worden. Das weist sie in ihrem Verständnis von Welt und Wahrheit, in ihren Inhalten und Ausdrucksformen als geschichtliches Phänomen aus, das in Wechselwirkung zu jenen Kulturen steht, aus denen sie hervorgegangen ist und in denen sie praktiziert wird. Religionen verkörpern die Antworten einer deutenden Gemeinschaft auf jene elementaren Fragen, die sich den Menschen in ihrer jeweiligen Lebenswelt stellten und stellen. Diese elementaren menschlichen Fragen mögen über die Zeiten hinweg die gleichen sein. Die Art und Weise, sie in der jeweiligen Lebenswelt und in deren Weltverständnis zur Sprache zu bringen, wird unterschiedlich ausfallen. Mögliche Wahrheit kann nicht bereits in den Fragen, sondern nur in den jeweiligen Antworten enthalten sein. Eben diese Antworten sind aber inhaltlich nur im Denkmodell und im Horizont des jeweiligen Weltverständnisses aussagbar. Damit wird die Suche nach der einen Wahrheit wieder auf das den einzelnen Religionen zugrunde liegenden Welt- und Wirklichkeitsverständnis zurückverwiesen. Das Gespräch darüber rührt an jene nicht verhandelbaren Basisvoraussetzungen, aus denen die unterschiedlichen Deutungsgemeinschaften ihre Religion entwickelt haben.

7.5.2 Die *eine* letztgültige Wahrheit?

Wie das Ungeheuer von Loch Ness, so taucht aus diversen Ecken immer wieder die Behauptung auf, dass allen Erscheinungen der Welt bis hin zu den höchsten Leistungen des menschlichen Geistes eine vom Menschen unabhängige Realität zugrunde liege, die mit Hilfe sei es der Biologie, der Chemie oder der Physik, erklärt und erkannt werden könne. Diese in einem naturwissenschaftlichen Rahmen hervorgebrachte Behauptung mag als eine Art persönlicher Glaubensakt gelten. Dieser ist freilich durch das Selbstverständnis der dafür in Anspruch genommenen Wissenschaft nicht gedeckt. Bereits für die Wissenschaften generell hat Peter Janich aus erkenntnistheoretischer Sicht zusammengefasst: »Aus logischen Gründen kann keine Theorie ihre eigenen Voraussetzungen bestätigen oder beweisen« (Janich, 39). Die von irgendeiner Wissenschaft her postulierte nachweisbare *eine* Wirklichkeit unterscheidet sich in ihrer Aspektgebundenheit in nichts von anderen säkularen oder religiösen Setzungen. Die Behauptung der einen Wirklichkeit, die mit den Mitteln einer Wissenschaft zu erkennen sei, erweist sich durchweg als die Reduktion von Realität auf den Aspekt und den Horizont des eigenen Faches. Es ist heute nicht mehr strittig, dass sich die Forschungen und Diskurse der einzelnen Wissenschaften auf unterschiedliche Aspekte der Wirklichkeit beziehen und darin ihre eigene Wahrheit und ihre eigenen Grenzen definieren. Allgemeingültige oder universale und letztgültige Wahrheitsansprüche lassen sich inhaltlich weder von den Wissenschaften noch von den Religionen her begründen. In der abendländischen Geistesgeschichte bedurfte es langer und mühevoller Anstrengungen, ehe wir die Art unseres Wahrnehmens und Weltverstehens und die damit gegebenen Grenzen und die perspektivische Gebundenheit erkennen konnten. Ein friedliches Miteinander ohne Verlust der Tiefe wird mit davon abhängen, ob sich diese Einsicht auch im allgemeinen Bewusstsein durchsetzt.

Verzeichnis der zitierten Literatur

AAS = Acta Apostolicae Sedis, Rom 1909ff

Adomeit, K., Zur Einführung: Rechtswissenschaft und Wahrheitsbegriff, in: Juristische Schulung 1972, Heft 11, S. 628–634

Albert, K., Platonismus – Weg und Wesen abendländischen Philosophierens, Darmstadt 2008

Albrecht, P. – A., Überzeugungsbildung und Sachverständigenbeweis in der neueren strafrechtlichen Judikatur zur freien Beweiswürdigung (§ 261 StPO), in: Neue Zeitschrift für Strafrecht 1983, Heft 11, S. 486–493

Altner, G., Wahrheit als Mittel des Überlebens biologischer Gattungen, in: WW2, S. 20–27

Bacon, F., Novum Organum scientiarum, 1620

Bernhardt, R., Der kleine Unterschied, in: Deutsches Pfarrerblatt 1/2014, S. 33–37

Braun, E., (Hg.), Der Paradigmenwechsel in der Sprachphilosophie, Darmstadt 1996

Braunbek, W., Wie gewinnt Physik ihre Erkenntnis?, in: WissW, S. 34–47

Brecht, B., Kalendergeschichten, Hamburg 1953

BslK = Bekenntnisschriften der evangelisch-lutherischen Kirchen, Göttingen, 2. Aufl. 1952

Chang, T., Chinesen denken anders, in: Schwarz, G. (Hg.), Wort und Wirklichkeit, Darmstadt o. J., S. 261–278

CIC = Codex Iuris Canonici von 1983. Canon 750 ergänzt durch Motu proprio vom 18.5.1998

Crystal, D., Die Cambridge Enzyklopädie der Sprache, Frankfurt/M./New York 1993

D = Denzinger, H., Kompendium der Glaubensbekenntnisse und kirchlichen Lehrentscheidungen, 37. Aufl. 1991

Dürr 1991, H.-P., Wissenschaft und Wirklichkeit – über die Beziehungen zwischen dem Weltbild der Physik und der eigentlichen Wirklichkeit, in: Dürr, H.-P./Zimmerli, W. Ch., Geist und Natur, Bern/München/Wien 1991

Dürr 2003, H.-P., Das Netz des Physikers – Naturwissenschaftliche Erkenntnis in der Verantwortung, München 2. Aufl. 2003

Dürr 2014, H.-P., Warum es ums Ganze geht – Neues Denken für eine Welt im Umbruch, Frankfurt/M. 4. Aufl. 2014

DV = Dei Verbum, Dogmatische Konstitution, 1965

Erdmann, H., Zarathustra ist tot. Paradigmenwechsel der Deutung unseres Erkenntnisvermögens und seine Konsequenzen, o. O. 2009

Evans, R. J., Fakten und Fiktionen. Über die Grundlagen historischer Erkenntnis, Frankfurt/M./New York 1999

EWbNT = Exegetisches Wörterbuch zum Neuen Testament, hg. von Balz, H./Schneider, G., 3 Bde., Stuttgart 2. Aufl. 1980–1983

Fechner, E., Wahrheit und Recht, in: WissW, S. 118–133

FR = Enzyklika Fides et Ratio, in: Verlautbarungen des Apostolischen Stuhls, hg. vom Sekretariat der Deutschen Bischofskonferenz, Nr. 135 vom 14.9.1998

Franzen, W., Die Bedeutung von »wahr« und »Wahrheit«, Freiburg/München 1982

Gadamer, H.-G., Wahrheit und Methode, Tübingen 2. Aufl., 1965

Gipper, H., Bausteine zur Sprachinhaltsforschung, Düsseldorf 1963

Gloy, K., Wahrheitstheorien, Tübingen 2004

GS = Gaudium et spes – Pastoralkonstitution des 2. Vatikanischen Konzils von 1965

Habermas, J., Wahrheitstheorien, in: Wirklichkeit und Reflexion – Festschrift für Walter **Schulz** zum 60. Geburtstag, Pufflingen 1973, S. 211–265

Haeckel, E., Die Welträtsel (1899), 11. Aufl. 1919, Nachdruck Stuttgart 1984

Hartmann, P., Einige Grundzüge des japanischen Sprachbaues, Heidelberg 1952

Heidegger 1943, M., Vom Wesen der Wahrheit (1943), Frankfurt/M. 8. erg. Aufl. 1997

Heisenberg, W., Das Naturbild der heutigen Physik, Hamburg 1955

Heller, B., Wie entsteht Wissen? Eine Reise durch die Wissenschaftstheorie, Darmstadt 2005

Hermes, H., Wahrheit in der Mathematik, in: WissW, S. 25–33

Hirschberger, J., Geschichte der Philosophie, 2 Bde., Freiburg 14. Aufl. 1991

Humboldt, W. von, Schriften zur Sprachphilosophie, Werke in 5 Bde.n, Bd. 3, Darmstadt 1963

HWbPh = Historisches Wörterbuch der Philosophie, hg. von Rotter, J. u. a., 13 Bde., Darmstadt 1971–2007

James, W., Der Wahrheitsbegriff des Pragmatismus (1907), in: Skirbekk (Hg.), Wahrheitstheorien, Frankfurt/M. 1977, S. 35–58

Janich, P., Was ist Wahrheit? München 2. Aufl. 2000

Jaspers, K., Die Sprache, München 1964

Kant, 1781, I., Kritik der reinen Vernunft, Seitenzahl nach der Originalausgabe

Kant 1783, I., Prolegomena zu einer jeden künftigen Metaphysik, die als Wissenschaft wird auftreten können, in: I. Kant-Werke, Bd. 3, Wiesbaden 1958, S. 109–264

Kaufmann, Th., Martin Luther, München 2006

Kelsen, H., Reine Rechtslehre (1934), Wien 2. Aufl. 1960

Koch, K., Der hebräische Wirklichkeitsbegriff im griechischen Sprachraum, in: WW1, S. 47–65

Kraus, H. J., Wahrheit in der Geschichte in: WW1, S. 35–46

Kuhn, Th. E., Die Struktur wissenschaftlicher Revolutionen (1962), Frankfurt/M. 23. Aufl. 2012

LK = Leuenberger Konkordie, 1973

Lohse, B., Wahrheit und kirchliches Lehramt, in: WW1, S. 121–136

Lexutt, A., Luther, Köln 2008

LR = Lexikon der Religionen, hg. von Waldenfels, H./König F., Freiburg 2. Aufl. 1988

Luther 1935, W., Wahrheit und Lüge im ältesten Griechentum, Göttingen 1935

Luther 1954, W., Weltansicht und Geistesleben, Göttingen 1954

Mainzer, K., Mathematik, in: Enzyklopädie Philosophie und Wissenschaftstheorie, hg. von Mittelstraß, J., Bd. 2, Stuttgart/Weimar 1995, S. 800–804

Maturana, H. R./Varela, F. J., Der Baum der Erkenntnis, 1984, (deutsch) Bern/München/Wien 1987

Mohr, H., Biologische Erkenntnis. Ihre Entstehung und Bedeutung, Stuttgart 1981

Neill, St. Ch., Die Wahrheit in den Religionen in: WW1 S. 137–161

PhGK = Philosophie – ein Grundkurs, hg. von Martens, E./Schnädelbach, H., 2 Bde., Hamburg 7. Aufl. 2003

PhWb = Philosophisches Wörterbuch, hg. von Schischkoff, G., Stuttgart 22. Aufl. 1991

Puntel, L. B., Wahrheit, in: Handbuch philosophischer Grundbegriffe, hg. von Krings, H./Baumgartner, H. M./Wild, Ch., Bd. 6, München 1974

RB = Reformierte Bekenntnisse – ein Werkbuch, Zürich 2009

Schmidt, S. J., Geschichten & Diskurse. Abschied vom Konstruktivismus, Reinbek bei Hamburg 2003

Schnädelbach, H., Philosophie, in: PhGK, Bd. 1, S. 37–76

Skirbekk, G. (Hg.), Wahrheitstheorien. Eine Auswahl aus den Diskussionen über Wahrheit im 20. Jahrhundert, Frankfurt/M. 1977

Snell 1955, B., Die Entdeckung des Geistes – Studien zur Entstehung des europäischen Denkens bei den Griechen, Hamburg 3. Aufl. 1955

Snell 1978, B., Die Entwicklung des Wahrheitsbegriffs bei den Griechen in: Der Weg zum Denken und zur Wahrheit, Studien zur frühgriechischen Sprache, hg. von Snell, B., Göttingen 1978, S. 91–104

Spitzer, M., Geist im Netz, Darmstadt 1996

Tarski, A., Die semantische Konzeption der Wahrheit und die Grundlagen der Semantik (1944) in: Skirbekk (Hg.), Wahrheitstheorien, Frankfurt/M. 1977, S. 140–188

ThHwAT = Theologisches Handwörterbuch zum Alten Testament, hg. von Jenni, E./Westermann, C., 2 Bde., Darmstadt 6. Aufl. 2004

Tillich, P., Wesen und Wandel des Glaubens, Frankfurt/M. 1961

Thomas von Aquin, Summa theologiae I–III (1268–73)

Trabant, J., Europäisches Sprachdenken von Platon bis Wittgenstein, München 2006

TRE = Theologische Realenzyklopädie 36 Bde., Berlin 1993–2004

Vogt, J., Wahrheit in der Geschichtswissenschaft in: WissW, S. 90–104

Weisgerber, J. L., Von den Kräften der deutschen Sprache, 4 Bde., Düsseldorf 3. Aufl. 1962ff

Whorf, B. L., Sprache – Denken – Wirklichkeit. Beiträge zur Metalinguistik und Sprachphilosophie, Hamburg 1963

WissW = Die Wissenschaften und die Wahrheit, hg. von Ulmer, K., Stuttgart 1966

Wittgenstein 1921, L., Tractatus logico-philosophicus (1921), London 2. Aufl. 1963

Wittgenstein 1953, L., Philosophische Untersuchungen 1 (953), Oxford 2. Aufl. 1963

WW1 = Was ist Wahrheit? Hg. von Müller-Schwefe, H.-R., Göttingen 1965

WW2 = Was ist Wahrheit? Hg. von Müller, H. P., Stuttgart 1989